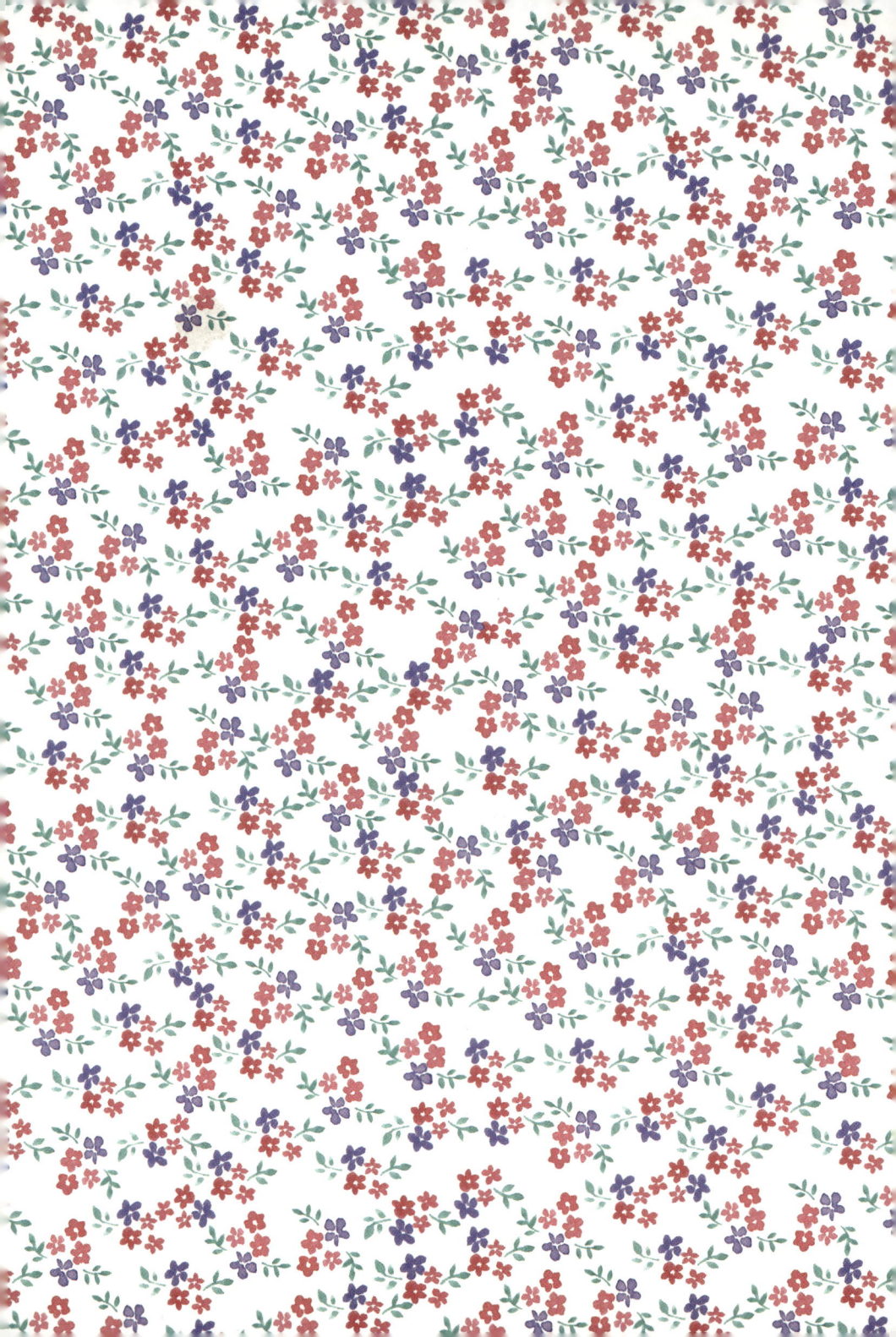

소소한 즐거움이 있는 핸드메이드

처음 하는 꽃장식

MY FIRST FLORAL DECORATION

A to Z

즐거운상상

1판 1쇄 인쇄 2012년 5월 10일
1판 2쇄 발행 2013년 3월 20일

지은이　이유진
펴낸이　정원정, 김자영
편집　홍현숙
디자인　OZoh

펴낸곳　즐거운상상
주소　서울시 용산구 문배동 7-6 이안1차 102동 오피스텔 1003호
전화　02-706-9452 팩스 02-706-9458
전자우편　happywitches@naver.com
출판등록　2001년 5월 7일
인쇄　백산하이테크

ISBN 978-89-92109-90-14 14520
ISBN 978-89-92109-69-7 14630(세트)
*이 책의 모든 글과 그림, 사진, 디자인을 무단으로 복사, 복제, 전재하는 것은 저작권법에 위배됩니다.
*책값은 뒤표지에 있습니다.

contents

4 PROLOGUE

8 꽃 장식, 알아두면 좋을 몇 가지
꽃 고르기 / 꽃 다듬기 / 꽃을 오래도록 보려면
꽃 장식을 위한 도구 / 플로럴폼

DAILY LIFE FOR FLOWER
어디에나 꽃아도 반짝반짝 빛나요

22 로맨틱 티컵
24 빈티지 스타일 유리병
26 유리 속의 장미
28 미니 저그 & 핸드 타이드
32 더블 베이스
36 미니 화기들
38 머그컵 카네이션
40 향기 가득 히야신스 담은 법랑
44 상큼 메리골드 저그
48 로맨틱 로즈 저그
52 미니 법랑 트레이
54 키 큰 양철화기
58 그린 가득 바구니
62 미니 꽃바구니
68 자전거 바구니
72 선물용 꽃바구니
76 퐁퐁 국화 도시락
78 캔버스 백에 들꽃 한 다발
80 핸드 캐리 플라워 박스

SPECIAL DAY FOR FLOWER
특별한 날, 꽃 장식으로 더욱 특별해져요

- 88 밸런타인데이 메시지 머그
- 92 밸런타인데이 크라프트 박스
- 98 어버이날 장미와 카네이션으로 장식한 유리병
- 104 어버이날 리본 장식 카네이션
- 106 어버이날 유리 화분에 심은 카네이션
- 108 어버이날 토피어리
- 112 테이블 장식 젠 스타일
- 116 테이블 장식 로맨틱 케이크 트레이
- 118 테이블 장식 캔들 리스
- 122 베이비 파티
- 126 생일 축하용 테이블 플라워
- 132 눈밭 위의 크리스마스 트리
- 138 크리스마스 캔들 센터피스
- 144 컨트리 하우스 트리

LONG LASTING
생생하게, 오래도록 즐기는 꽃 장식

- 154 실크플라워 토분
- 158 실크플라워 컨트리 리스
- 164 실크플라워 화병 꽃이
- 168 장미 앤 수국 리스
- 174 오렌지 캔들
- 180 배쓰 쏠트
- 184 유리그릇에 심은 다육
- 188 코코테에 심은 다육이들
- 190 다육 미니정원

195 **FLORIST TIP**

꽃 시장에 가봐요 / 리본 이야기
꽃 사진 예쁘게 찍기 / 플로리스트의 책장
영국 플라워 스쿨 / 추천 소품숍 리스트

prologue

햇살이 따뜻한 봄날,

학교에서 돌아오면 엄마는 자개장롱 앞에 신문지를 펴고
조심스럽게 침봉에 꽃을 한 송이씩 꽂고 계셨습니다.
지방 소도시에서 시부모님 모시고 세 아이를 키우는 80년대의
팍팍한 삶 속에서, 그건 엄마에게 보석 같은 시간이었겠지요.

하늘이 높은 가을,

아버지는 거르지 않고 화원에서 국화 화분을 사오셨습니다.
현관 계단에 아직 봉우리만 맺힌 국화 화분을 보며,
아 가을이 왔구나 곧 추석이네 라고 생각했어요. 봄이면
마당에 진달래와 철쭉이 연달아 피고, 초여름엔 장미가,
한 여름엔 등나무가 대문 앞에 그늘을 드리우고,
가을이면 붉은 단풍과 은행잎이 떨어지는 마당을 당연한 줄 알고
살았습니다. 모두 아버지의 부지런함 덕분이었지요.

사실 꽃을 꽂고 장식하는 데 특별한 기술이 필요하지는
않습니다. 꽃은 그 자체로 이미 아름다우니까요.
그러나 생화를 파는 꽃집이 흔치 않으니 발품을 팔아야 합니다.
가격도 만만치 않은데 며칠이 지나면 시들거라고
생각하니 괜히 돈이 아깝다는 생각이 들기 마련입니다.
그럼에도 애써 꽃 시장을 찾고, 봄이면 화분들을 집안에
들여놓고 싶어져요. 특별한 날이면 다른 선물보다 꽃 생각이
먼저 나고요. 좋은 사람과의 만남이나 약속이 있어도
무슨 꽃을 준비할까 생각하며 설렙니다. 매일 비슷한 일상이지만
이런 작은 노력과 설렘이 있기에 조금 더 행복해지는 것 같아요.

이 책에는 일상을 조금 더 빛나게 만들어주는 꽃 장식,
어버이날이나 밸런타인데이, 생일 등 특별한 날을 위한
꽃 장식 아이디어를 담았어요. 처음 하는 분들이
따라하기 좋도록 작은 정성을 담아 만들 수 있는 간단한
꽃 장식들로 구성하였어요. 저의 소박한 꾸밈을 보고,
많은 분들이 용기 내어 집안에 꽃을 들였으면 좋겠습니다.
능숙하게 만들었든, 두근두근 떨리는 손으로 했든
모두 아름다울 거예요. 그게 바로 꽃의 마법 같은 힘이니까요.
작은 마음들을 소박한 꽃 장식으로 표현해 보세요.
거기에 나만의 아이디어를 더한다면, 세상에 둘도 없는
핸드메이드 선물이 될 수 있어요.

2012. 봄 . 이유진

꽃 고르기

처음 꽃시장에 갔던 때가 기억나요. 넓디넓은 시장을 몇 바퀴나 돌았지만 마음에 드는 꽃을 고르는 일은 쉽지가 않더라고요. 꽃을 사러 온 사람들은 상인들에게 이것저것 물어가며 꽃을 고르는데, 누구에게 뭘 물어봐야 하는지도 몰라 정말 답답했어요. 누군가 골라준 꽃으로 장식하는 일은 반쪽짜리라는 것을 절실히 느끼는 순간이기도 했지요. 좋은 꽃을 고르는 것은 꽃 장식 만들기의 시작이에요. 꽃에 대해 잘 알고, 상황에 맞는 장식을 하기 위해서는 꽃에 대해 알아야 하거든요. 아무리 예쁜 꽃 장식을 했다고 해도 금방 시들어버리면 소용이 없으니까요.

거실이나 방, 사무실 등 우리의 생활공간을 아름답고, 화사하게 만들어줄 꽃 장식. 그 시작을 위해 예쁘고 튼튼한 꽃을 고르는 방법에 대해 알아 볼게요.

꽃은 크게 생화와 조화로 나눌 수 있어요. 생화는 절화(絶化)라고도 하는데, 나무나 뿌리가 있는 줄기에서 잘려졌다는 뜻이에요. 우리가 꽃시장에 가서 볼 수 있는 대부분의 꽃이지요.

요즘엔 계절에 상관없이 다양한 종류의 꽃을 구입할 수 있는데, 제철에 비해서 가격의 차이는 조금 있어요.

1 꽃의 얼굴을 잘 살펴보세요.
반점이나 상처가 없는지 확인합니다. 반점은 꽃에 습진이 있을 때 생기는데 전염성이 강해 금방 다른 꽃들에게 전염되니 주의해서 골라주세요.

2 떡잎이 붙어있는 꽃을 고르세요.
떡잎이 과하게 제거된 꽃은 나중에 피었을 때 모양이 예쁘지 않고 빨리 시들 수 있어요. 가능하면 떡잎이 붙어있는 꽃을 고르세요.

3 꽃이 반 정도 피어있는 것을 고르세요.
꽃이 예쁘게 피는데 2~3일 정도 걸립니다.(예외 : 백합, 칼라 등) 꽃이 반 정도 피어있는 것을 골라 장식하면 좀더 오래도록 유지할 수 있어요. 다음날 선물할 거라면 거의 다 핀 꽃을 고르는 게 좋아요.

4 중상 등급의 꽃을 선택하세요.
꽃시장에 가보면 같은 종류의 꽃이라도 가격이 다른 경우가 많아요. 그것은 꽃에도 등급이 있기 때문이에요 가장 좋은 등급의 꽃을 살 필요는 없지만 너무 저렴한 것은 싱싱하지 않을 수 있으니 주의하세요.

5 줄기나 잎사귀를 확인해 보세요.
줄기가 굵고 곧은 것이 수명이 길어요. 색이 노랗게 변색된 잎사귀가 없어야 합니다.

6 줄기가 꺾이거나 끝이 무르지 않았는지, 꽃의 얼굴은 하늘을 향해 있는지 확인하세요.
줄기가 소프트한 꽃들(e×:튤립,거베라,라넌큘러스 등)은 줄기가 꺾이거나 끝이 무르지 않았는지 꼭 확인하세요. 그리고 꽃의 얼굴은 하늘을 향해 있는 것이 좋아요.

소재(greenary) 고르는 법

1 잎사귀에 윤기가 있고 간격이 촘촘하고 일정한 것을 고르세요.
2 꽃이 달린 가지는 꽃이 반 이상 피어있는 것이 좋아요.
3 건조한 곳이나 변색된 곳이 없는지 확인하세요.

조화(silk flower) 고르기

1 꽃과 가지의 균형이 잘 잡혀있는지 확인하세요.
조화는 한 송이씩 낱개로 되어있는 것과 부쉬(bush - 꽃과 잎사귀로 이루어진 것)로 된 것, 두 가지로 크게 나눌 수 있어요. 부쉬의 경우에는 꽃뿐만 아니라 가지도 다양한 활용이 가능하니 꽃과 가지의 균형이 잘 잡혀있는지 확인한 뒤 구입하세요.

2 용도에 맞는 가격대의 꽃을 고르세요.
조화의 경우 재질이나 색상에 따라 가격대가 달라져요. 어디에 쓸 것인지 용도를 미리 정하고, 그에 맞는 적당한 가격대의 꽃을 고르는 것이 좋아요. 생화와 흡사할수록 가격대는 올라갑니다.

3 상인들에게 조언을 구해보세요.
막상 시장에 가보면 화려한 조화들 사이에서 무엇을 사야할까, 선택하기 어려운 경우가 많아요. 그럴 때는 상인들에게 조언을 구해보세요. 용도와 예산, 원하는 색상을 말하면 적당한 꽃들을 추천해 줍니다.

꽃 다듬기

꽃을 사온 다음 제일 먼저 해야 할 일은 불필요한 잎들을 제거하고 꽃에 물을 올려주는 것입니다. 그 과정 전체를 컨디셔닝(conditioning)이라고 합니다. 시장에서 사온 꽃들은 절화(絶化)이기 때문에 빠른 시간 안에 다듬어 주어야만 오래가요. 꽃 장식을 만드는 모든 과정 중 가장 중요한 과정이므로 꼼꼼하게 신경 써 주세요.

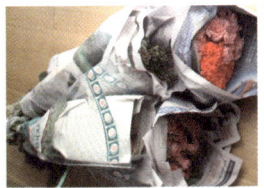

1 시장에서 막 사온 꽃들이에요. 꽃시장에서는 꽃을 신문지에 돌돌 말아서 팔아요.

2 신문지를 벗겨 낸 뒤의 모습이에요. 줄기 가득 잎사귀와 가시들이 붙어 있습니다.

3 가지에 붙은 가시와 불필요한 잎사귀들은 모두 제거하세요.

4 가시와 잎사귀를 제거하고 줄기 끝은 사선으로 잘라 주세요.

5 물에 잠기는 부분의 잎사귀와 가시는 모두 제거해야 물이 빨리 더러워지는 것을 늦출 수 있어요. 물 온도는 미지근한 정도가 좋아요.

꽃을 오래도록 보려면

1 박테리아로부터 꽃을 보호해주세요
① 물에 잠기는 부분에 있는 잎사귀와 가시를 모두 제거한 다음 꽂는다.
② 물에 락스를 2-3방울 넣어준다.
③ 화기를 자주 닦아준다.

2 꽃들에게도 밥을 주세요
① 시판용 수명 연장제를 넣는다.
② 설탕을 조금 넣어준다.
(물 1리터에 한 티스푼 정도가 적당합니다.
많이 넣으면 오히려 박테리아가 증식되므로 주의하세요.)

꽃 장식을 위한 도구

꽃가위 꽃의 줄기와 잎을 다듬는 용도로 쓰입니다.

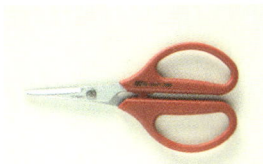

공작용 가위 리본처럼 부드러운 것을 자를 때 사용합니다.

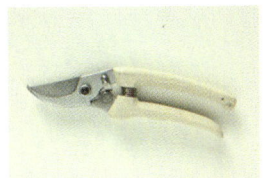

전정가위 줄기가 굵은 꽃이나 소재를 손질할 때 쓰입니다.

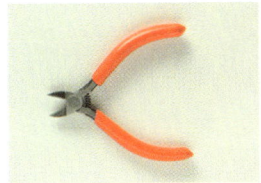

미니 니퍼 와이어나 조화를 자를 때 사용합니다.

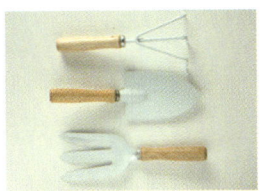

가드닝 도구 세트로 준비해두면 집에서 하는 간단한 가드닝에 유용합니다.

가시제거기 장미를 가운데 두고 감싼 다음 위에서 아래로 훑어주면 가시가 제거됩니다.

플로럴폼 재단용 칼 플로럴폼을 재단할 때 쓰입니다.

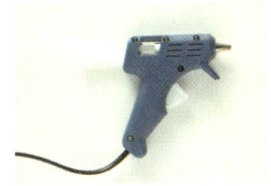

글루건 조화장식을 만들 때나 그 밖의 소품을 만들 때 쓰입니다.

라피아 소품을 장식할 때나 고정할 때 씁니다.

노끈 핸드타이드 부케를 고정하거나 포장할 때 주로 씁니다.

종이 노끈 소품을 장식하거나 포장할 때 주로 씁니다.

와이어가 들어있는 종이 노끈 핸드타이드 부케를 고정할 때 씁니다.

플로럴 방수 테이프 방수성 테이프입니다. 생화를 이용한 장식을 만들 때 고정용으로 사용합니다.

플로럴 테이프 와이어드 부케나 화관 등 생화를 이용한 장식을 고정할 때 많이 씁니다. 녹색 이외에도 다양한 색상이 있습니다.

왁스페이퍼 꽃장식이나 소품을 포장할 때 씁니다.

포장용 비닐 꽃이나 소품들을 포장할 때 사용합니다.

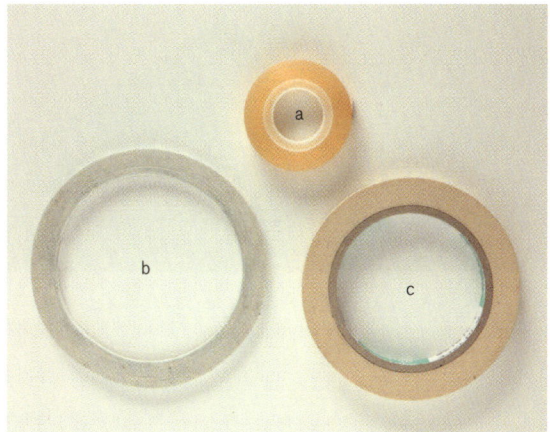

a 셀로판 테이프
화기를 이용한 꽃 장식에서 섹션을 나눌 때, 장식을 포장할 때 씁니다.

b 양면 테이프
장식을 만들 때 소품을 고정하거나 포장할 때 씁니다.

c 마스킹 테이프
간이 고정용으로 씁니다.

d #24 은색 와이어
섬세한 고정을 할 때 씁니다.
(ex: 꽃의 와이어링)

e #18(굵은)와이어
규모가 큰 장식을 만들 때 고정용으로 씁니다.

f #22(가는)와이어
가장 많이 쓰는 와이어입니다. 소품을 만들 때 고정용으로 주로 씁니다.

* 번호 순서에 따라 와이어의 굵기가 가늘어집니다.

플로럴폼

사용법

꽃 장식에 있어서 빠질 수 없는 중요한 소품, 플로럴폼입니다. 다양한 모양과 사이즈의 플로럴폼을 이용하면 꽃 장식을 만드는 과정이 한결 수월합니다. 몇 가지만 주의한다면 전문가 못지않은 꽃 장식품을 만들 수 있을 거예요.

1 플로럴폼을 원하는 크기만큼 잘라 주세요.

2 플로럴폼을 물에 살짝 띄우듯 넣어 줍니다.

3 절대! 손으로 누르지 마세요.

4 물을 충분히 머금고 살짝 떠오르면 사용합니다.

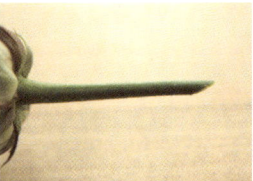

5 플로럴폼에 꽂는 꽃은 줄기의 절단면이 사선 모양이 되도록 잘라 주어야 합니다. 그래야 꽃이 물을 잘 빨아들일 수 있습니다.

6 플로럴폼에 장식할 때 가운데 꽃을 중심으로 각을 더해가며 꽂아 줍니다. 머릿속에 가상의 점을 향해 꽂는다는 느낌으로 꽂으면 됩니다.

주의 사항

플로럴폼이 물을 제대로 먹지 못하면 꽃이 피기도 전에 힘없이 시들어 버린답니다! 항상 주의해야 합니다.

1 플로럴폼은 물에 담근 다음 손으로 누르지 않는다.
2 꽃은 꽂기 전에 줄기를 사선으로 자른다.
3 플로럴폼 안에서 줄기들이 얽히지 않도록 한 방향을 향해 꽂는다.
4 한번 꽂은 꽃은 만지지 않는다.

  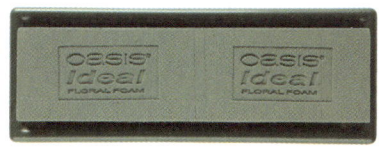

기본 직사각형 모양 플로럴폼 외에도 다양한 종류의 플로럴폼이 있어요. 용도에 맞게 골라서 사용하면 됩니다.

daily life for flower

어디에나 꽂아도 반짝반짝 빛나요

꽃 장식 하나로 일상이 즐거워져요!
좋아하는 것 하나만 있어도 생활이 즐거워지잖아요.

신기하게도 꽃 한송이 슬쩍 꽂아두었을 뿐인데
왠지 집안이 반짝반짝 빛나는 듯,
내 생활이 더욱 즐거워지는 기분, 아시죠?
꽃병이 없어도 괜찮아요. 작은 찻잔이나 유리병, 법랑, 바구니…
꽃이 주인공이니 어디에나 꽂아도 예쁜걸요.

조금은 지루해진 일상에 상큼한 활력을 주는
꽃 장식의 기본 아이디어를 공개합니다.
소소하지만 즐거움과 행복을 더해주는 아이디어를 만나보세요.

유리+다발꽂기 : 　　로맨틱 티컵

집안 분위기를 산뜻하게 바꾸고 싶을 때 로맨틱 티컵을 만들어 보세요. 어느 집에나 있는 유리 소재의 티컵과 꽃 몇 송이로 금방 만들 수 있습니다. 테이블이나 창가에 봄 향기 가득한 로맨틱 티컵을 올려두는 것만으로도 분위기가 상큼해집니다.

준비물

티컵, 리본, 장미 3송이, 보라장미 3송이, 카네이션 3송이, 옥시 약간

1 찻잔에 물을 2/3정도 담고 꽃을 꽂습니다.

2 컵 라인을 따라 준비한 꽃을 어울리게 꽂아줍니다.

3 중간 중간 옥시를 넣으면 완성! 리본도 예쁘게 얹어보세요.

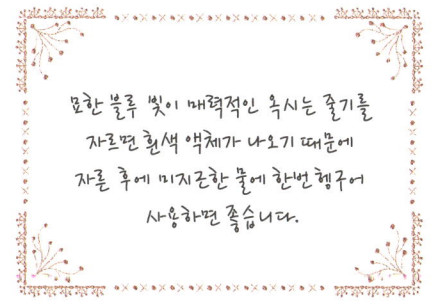

묘한 블루 빛이 매력적인 옥시는 줄기를 자르면 흰색 액체가 나오기 때문에 자른 후에 미지근한 물에 한번 헹구어 사용하면 좋습니다.

DAILY LIFE FOR FLOWER

유리+묶음꽂기 :   빈티지 스타일 유리병

밑이 통통한 귀여운 유리병에 레이스를 두르고 초록이 싱그러운 수국을 꽂아보았어요. 여기에 아무것도 끼우지 않은 나무액자를 매치해 은은한 멋을 더해주었어요. 비싼 소품이 아니어도 독특하고 세련된 스타일링이 가능해요.

준비물

수국 1대, 유리병 (지름 12cm , 높이 15cm), 레이스장식, 라피아, 나무액자

1 레이스장식 양쪽에 라피아끈을 매어줍니다.

2 유리병 뒤쪽으로 묶어 고정해주세요.

3 병에 물을 채우고 수국을 꽂아주면 됩니다.

DAILY LIFE FOR FLOWER

유리+와이어 :   유리 속의 장미

차가운 와이어와 장미가 함께 있으면 모던 스타일 소품이 됩니다. 와이어를 손으로 이리저리 구부린 뒤 화기 안에 넣고 통통하고 예쁜 장미를 키 맞춰 잘라서 꽂아보세요. 간단하지만 세련된 분위기를 만들 수 있어요.

준비물

장미 5송이, 유리화기(가로 25, 높이 12, 폭 6cm),
실버와이어 50cm, 리본, 양면테이프

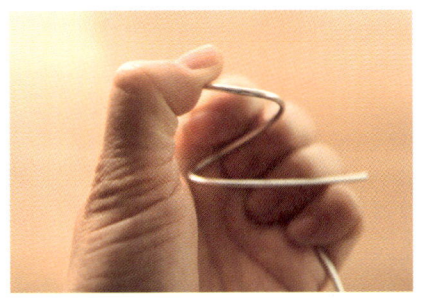

1 꽃시장에서 파는 와이어를 원하는 모양으로 구부려주세요.

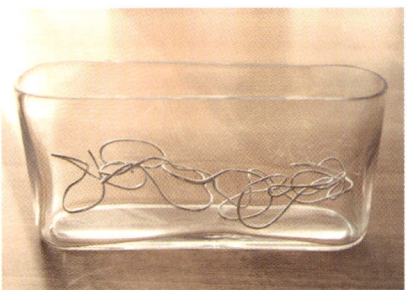

2 구부린 와이어를 화기 안에 넣어 자리를 잡아줍니다.

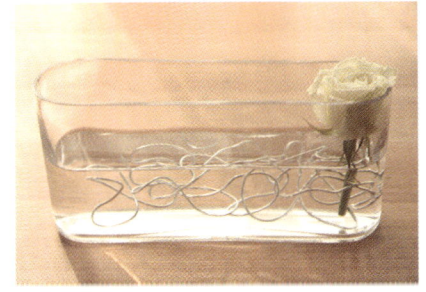

4 장미를 화기에 맞게 자르고 장미 줄기를 와이어 사이에 움직이지 않게 꽂아주세요.

5 순서대로 꽂아 채워줍니다. 화기 아래 부분에 리본을 감아 양면테이프로 고정해주세요.

DAILY LIFE FOR FLOWER

유리+묶음 꽂기: 미니 저그 & 핸드 타이드

보고 있으면 언제라도 따스한 5월의 햇살아래 서 있는 기분입니다.

준비물

유리 저그 1개(지름 15 × 높이 20cm), 블러싱 브라이드 1단,
백일홍 1단, 피어리스 약간, 호엽란 1단

1 블러싱 브라이드 1단을 준비합니다.

2 백일홍과 피어리스를 더해 줍니다.

3 준비한 꽃들이 잘 어울리도록 골고루 손에 잡아 주세요.

4 둥근 모양이 어느 정도 갖추어지면 남아있는 꽃의 양을 확인하면서 다발을 만들어갑니다.

5 둥근 모양이 되면 완성입니다.

6 완성된 핸드 타이드 부케를 노끈으로 짧고 단단하게 묶어준 다음 유리저그에 꽂아줍니다.

DAILY LIFE FOR FLOWER

깔끔 유리 저그 장식

꽃 장식을 만들다보면 꽃은 예쁜데 줄기가 들쑥날쑥하고 예쁘지 않아 유리 저그에 담기가 망설여질 때가 있어요. 그럴때는 초엽란처럼 물속에서도 오래가는 소재를 활용해 보세요. 유리 저그나 투명한 유리 병속에 초엽란을 자연스럽게 둘러준 뒤 꽃 장식을 꽂으면 들쑥날쑥한 줄기가 가려져 깔끔하고 예쁜 장식을 만들 수 있어요.

DAILY LIFE FOR FLOWER

이중유리+플로럴폼: 더블 베이스

크기가 다른 두 개의 화기를 활용한 자연스러우면서도 화사한 유러피안 스타일의 꽃장식이에요. 상큼한 레몬을 담은 유리그릇에 화사한 꽃들을 꽂아 보세요. 쉽고 간단한 방법으로 유러피안 스타일을 즐길 수 있어요.

준비물

정사각 유리화기 2개(큰 것 10×10cm, 작은 것 6×6cm), 원형 플로럴폼 1개, 레몬 2~3개, 아네모네 1단, 소국 1단, 레드베리 1단, 담쟁이 1단, 파블로 1단

1 큰 유리화기 안에 작은 화기를 넣습니다.

2 레몬을 잘라서 두 개의 화기 사이에 넣어주세요.

3 네면 모두 레몬을 채워 넣은 다음 플로럴폼을 작은 화기 위에 얹습니다. 플로럴폼을 눌러 움직이지 않도록 고정시켜 주세요.

4 담쟁이를 네 면에 꽂아 먼저 전체 모양을 잡아줍니다.

5 담쟁이들 사이를 채우는 느낌으로 나머지 담쟁이들을 꽂아줍니다.

6 파블로를 담쟁이 사이에 꽂아서 풍성함을 더해줍니다.

DAILY LIFE FOR FLOWER

7 아네모네와 소국으로 포인트를 줍니다.

8 레드베리를 이용하여 리듬감을 더해주면 완성입니다.

더블 베이스(Double Vase)

영국의 유명 플로리스트 폴라 프라이크(Paula Pryke)가 처음 선보인 스타일로, 유러피안 스타일의 장식에서 흔히 볼 수 있는 디자인이 되었습니다. 만드는 방법은 비교적 간단해요. 크기가 다른 두 개의 화기를 준비한 다음 작은 화기를 큰 화기 안에 넣습니다. 그리고 두 화기 사이의 빈 공간에 소품을 넣고 꽃으로 장식하면 됩니다. 레몬이나 사탕, 초콜릿 등 다양하게 활용할 수 있어요. 발렌타인데이나 화이트데이라면 초콜릿이나 사탕을, 크리스마스에는 오너먼트 등을 넣어서 장식할 수도 있어요. 레몬 같은 과일이나 채소 등을 활용하여 상큼한 느낌을 더해 주는 것도 좋아요. 집에서 유러피안 스타일 꽃 장식을 즐기는 방법! 어렵지 않아요!

유리+송이꽂이 :　　미니 화기들

컵이나 작은 잔 등 다양한 종류의 유리 화기를 활용해 튤립을 꽂아 보았어요. 튤립은 깨끗한 화기에 꽂았을 때 더욱 예뻐보여요. 카라나 튤립은 유리처럼 투명하고 깨끗한 화기가 더 잘 어울리고, 흑장미 등 진한 색상의 꽃은 어두운 계열의 화기에 잘 어울려요. 여러 재료에 꽃을 꽂아보며 어울리는 화기를 찾아 주면 꽃 장식이 더욱 빛을 발할 거예요.

준비물

튤립 1단, 다양한 모양의 유리 화기 2~3가지

1 화기에 물을 1/3정도 담은 뒤 튤립을 화기의 키와 비슷하게 잘라 꽂아 주세요.

2 두 번째 꽃은 수면에 닿을 정도의 길이로 잘라 주세요.

높이를 달리하면서 리듬감 있게 꽂아 주세요.

DAILY LIFE FOR FLOWER

도자기+테이프 :　　머그컵 카네이션

휴일 아침, 느지막이 일어나 머그컵 가득 수프를 담아 먹는 기분, 상상만 해도 마음이 느긋해집니다. 머그컵에 수프나 차 대신 꽃을 담아보면 어떨까요? 하얀 카네이션을 머그컵에 담아 장식해보세요. 집안이 화사해집니다.

준비물

흰 카네이션 1단, 머그컵, 리본, 셀로판 테이프

1 셀로판 테이프를 바둑 무늬 모양으로 붙입니다.

2 중심부터 꽃을 꽂습니다. 양 옆으로도 꽃을 꽂습니다.

3 돔 모양으로 완성하면 됩니다.

4 원하는 컬러의 리본을 예쁘게 매어줍니다.

DAILY LIFE FOR FLOWER

법랑+테이프 : 향기 가득 히아신스 담은 법랑

하얗고 깨끗한 법랑과 히아신스의 밀키 핑크를 매치하면 아름다운 색상 조화가 이루어집니다. 집안 가득한 향기는 보너스지요. 다듬고 남은 꽃송이로 앙증맞은 팔찌도 만들어보세요. 화사한 분위기가 만들어집니다.

준비물

히아신스 1단, 백묘국 약간, 법랑용기(가로 10.5, 세로 9.5, 높이 5.5cm) 1개, 은색와이어(27번) 약간, 리본 30cm

DAILY LIFE FOR FLOWER

1 법랑 용기 입구에 셀로판 테이프로 공간을 나누어 줍니다.

2 짧게 자른 히야신스를 한쪽부터 꽂습니다.

3 히야신스는 꽃송이의 크기가 크기 때문에 작은 용기에 꽃을 때는 자리 잡기에 신경을 써야 합니다.

4 빈 공간에 작은 크기의 꽃송이를 꽂아주세요.

5 백묘국을 사이사이에 꽂아주세요.

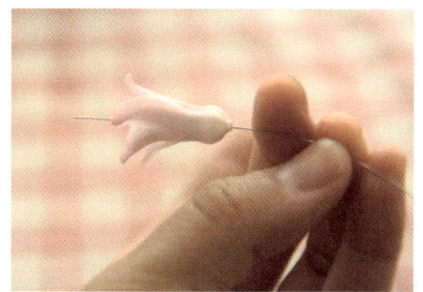

6 장식하고 남은 꽃송이를 와이어에 끼웁니다.

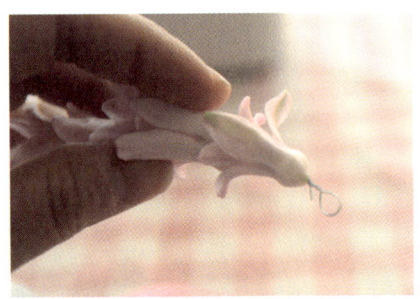

7 와이어의 끝부분을 둥글게 말아 리본 끼울 공간을 만들어 줍니다.

8 와이어 양쪽에 리본을 매어 묶어줍니다.

9 나란히 장식하면 됩니다.

집들이 선물로 흔히 화장지나 세제류를 선물하는데,
너무 무난한 아이템이라 시간이 지나고 나면 누가 무엇을
선물했는지 기억하기는 어렵습니다.
예쁜 법랑용기에 담긴 히아신스를 투명한 백에 담고
리본을 매어 선물해 보세요. 받는 사람도 선물하는 사람도
즐거워지는, 센스있는 선물이 될거예요.

법랑+다발 꽂기 :   상큼 메리골드 저그

반짝 반짝 매끄러운 느낌의 하얀 법랑 저그에 샛노란 메리골드를 담았습니다. 메리 골드는 천수국이라고도 부르는데 샛노란 컬러가 상큼한 느낌이 드는 꽃이에요. 굳이 꽃병을 구입하지 않아도 주방의 도자기 그릇들을 활용하면 색다른 분위기의 꽃 장식을 만들 수 있습니다.

준비물

메리골드 1단, 법랑 저그, 리본, 픽

1 법랑 저그에 물을 2/3를 채운 후 메리 골드를 꽂습니다.

2 입구의 라인을 따라 채웁니다.

3 다 꽂은 모습입니다.

4 봉긋해지도록 가운데 부분의 메리골드 줄기는 조금 길게 자릅니다.

5 픽을 꽂아 포인트를 줍니다.

6 원하는 색상의 리본을 매 주면 완성입니다.

하얀 법랑 관리법

깨끗한 느낌을 주는 하얀 법랑은 어떤 꽃과도 훌륭한 조화를 이룹니다. 여러 색깔의 꽃을 어울리게 꽂는 것도 좋지만, 한 가지 색상의 꽃으로 법랑의 순수한 느낌을 돋보이게 스타일링하는 것도 추천합니다. 법랑은 부드러운 소재로 살살 닦아주어야 오래 쓸 수 있어요. 거친 소재로 닦다보면 코팅이 벗겨지기 쉽답니다.

법랑+묶음 꽂기 :　　로맨틱 로즈 저그

통통하고 예쁜 장미를 핸드타이드 부케로 만들어 법랑 저그에 꽂아보았습니다. 영화 '바람과 함께 사라지다'의 여주인공 스칼렛의 화장대 위에 놓여 있을 것만 같은 로맨틱한 느낌의 소품이지요. 핸드타이드 부케 만들기에 익숙해지면 누구나 쉽게 스타일링할 수 있어요.

준비물

장미(피아노) 1단, 법랑 저그(높이 20 × 지름 10cm) 1개, 레이스 1마

DAILY LIFE FOR FLOWER

1 중심이 될 장미를 정합니다.

2 장미의 얼굴끼리 맞댄다는 느낌으로 두 번째 장미를 잡습니다.

3 한 쪽 방향으로 각을 주어 가며 꽃들을 더해줍니다.

4 가운데 장미를 기준으로 원을 만들어 갑니다.

5 잡고 있는 팔을 쭉 펴서 꽃들의 정면 모습을 확인해가며 작업합니다.

6 완성되면 노끈으로 꽃대를 묶어줍니다. 저그에 꽂은 다음 레이스로 병을 장식하여 마무리합니다.

DAILY LIFE FOR FLOWER

핸드타이드 부케 만들기

핸드타이드 부케란 손으로 잡아 만드는 꽃다발을 말합니다. 영국에서 공부하던 시절, 단숨에 큰 사이즈의 핸드타이드 부케를 잡아 만들던 플로리스트들의 손을 부러워했었지요. 처음에는 쉽지 않지만 몇 번 만들다보면 요령이 생긴답니다. 핸드타이드 부케에 처음 도전할 때는 장미처럼 꽃송이가 동글동글하고 모양이 확실한 종류로 연습하는 것이 좋습니다. 꽃을 잡은 손에 힘이 들어가서 꽃대가 흐물흐물해지거나 부러지는 경우가 많은데 장미는 꽃대가 튼튼해서 연습하기 적당합니다. 장미로 연습을 해 본 후에 모양 잡는 것에 자신이 생기면 여러 가지 꽃들과 소재를 매치해보세요.

법랑+송이두기 :   미니 법랑 트레이

하얀 법랑 트레이에 장미를 짧게 잘라 담아 보았습니다. 사랑스러운 장미들이 소복하게 담긴 모습이 정말 예쁘답니다. 손님 초대를 할 때 욕실 세면대 옆에 살며시 놓아 보세요. 모두가 부러워할 기분좋은 장식이 됩니다.

준비물

장미(피아노) 1단, 법랑 트레이(가로 15 × 세로 12cm) 1개

1 장미를 꽃송이만 남도록 짧게 잘라 준비합니다.

2 장미를 트레이의 한쪽면에서부터 채워줍니다.

3 큰꽃송이들의 자리가 정해지면 1차 완성입니다.

4 빈 공간에 작은 꽃송이들을 채워 넣어 자연스러운 분위기를 냅니다.

DAILY LIFE FOR FLOWER

양철+테이프 :   키 큰 양철화기

차가운 철과 화사한 장미가 만나면 의외로 멋진 조합을 이루어냅니다. 색이 고운 장미를 골라 뾰족한 가시들을 다듬은 뒤 가벼운 마음으로 양철화기에 꽂다보면 자연스러운 돔(dorm)모양이 만들어집니다. 완성하고 하루 이틀이 지나면 장미가 활짝 피어 더욱 예쁜 장식이 됩니다.

준비물

장미 2단, 양철화기(지름 18, 높이 25cm) 1개. 셀로판 테이프

1 화기 입구에 셀로판 테이프로 바둑판 모양을 만듭니다.

2 화기 중심부터 꽃을 꽂습니다.

3 삼각형 모양으로 양옆라인에 꽃을 꽂아 대강의 모양을 잡습니다.

4 꽃의 얼굴 모양을 보아가면서 적당한 자리를 찾아주세요.

5 돔(dorm)모양을 만들며 꽂습니다.

6 약간 빽빽한 느낌이 들도록 꽂아서 채우면 완성입니다.

DAILY LIFE FOR FLOWER

정크(junk) 스타일

재활용품이나 자연에 가까운 소재를 이용한 내추럴한 스타일을 말합니다.
외국 화보에서 많이 보던 스타일이었는데, 요즘엔 토분이나 법랑, 양철 소재를
이용해서 간단하게 장식할 수 있어서인지 많은 이들에게 사랑 받고 있어요.
화려한 장식 대신 자연스러움을 강조하는 정크 스타일! 한번 시도해보세요.

DAILY LIFE FOR FLOWER

바구니+비닐백 :   그린 가득 바구니

바구니에 불로초를 담아 싱그러운 봄 분위기가 나는 소품을 만들어 보았어요. 불로초는 언뜻 보면 알알이 작은 열매가 달린 것 같지만 며칠이 지나면 몽우리에서 분홍빛 꽃이 피어요. 꽃이 피기 전 불로초에 장식이 될 만한 작은 소품과 리본을 매치해 보세요.

준비물

불로초 2단, 바구니, 비닐백 2장, 내수성 테이프, 린넨 리본, 라피아끈, 와이어, 글루건.

DAILY LIFE FOR FLOWER

1 비닐백 2장을 겹쳐 준비합니다.

2 비닐백을 바구니에 청테이프로 고정시킨 뒤 물을 2/3 가량 채웁니다.

3 청 테이프를 바둑판 모양으로 붙입니다.

4 먼저 가운데 불로초를 꽂습니다.

5 가운데를 중심으로 덩어리 느낌이 나도록 불로초를 채우세요.

6 풍성한 느낌이 들도록 채워주세요.

7 라피아끈을 여러 번 겹쳐서 리본 모양으로 잡고 묶어 줍니다.

8 라피아끈과 와이어를 새 장식에 글루건으로 고정시킵니다.

9 바구니 한쪽에 꽂으면 완성입니다.

DAILY LIFE FOR FLOWER

바구니+플로럴폼 : 미니 꽃바구니

큰 꽃바구니가 부담스럽다면 먼저 작은 사이즈에 도전해보세요. 양철로 된 소재 바구니에 린넨 소재의 방수 주머니를 담아 만든 꽃바구니는 내추럴한 느낌이 물씬 풍깁니다. 쿨워터 장미와 레몬잎, 용담을 스타일링하면 어느 자리에서나 빛나는 예쁜 꽃바구니가 완성됩니다.

준비물

장미(쿨워터) 5송이, 용담 1단, 에키놉스 1단, 백묘국 약간, 피어리스 약간, 레몬잎 약간, 바구니, 방수처리된 주머니, 플로럴폼 1장, 리본 조금.

1 바구니와 바구니 크기에 맞는 방수처리가 된 주머니를 준비합니다.

2 플로럴폼을 바구니 크기에 맞게 깎습니다.

3 바구니 안에서 움직이지 않도록 꼭 맞게 깎는 것이 중요합니다.

4 레몬잎을 꽂습니다.

5 레몬잎으로 아웃 라인을 잡습니다.

6 장미로 꽃 바구니의 중심을 잡습니다.

7 가운데 장미에 중심점을 두고 각을 주어 가면서 사방에 장미를 꽂습니다.

8 장미 사이로 용담을 꽂아줍니다.

9 용담을 꽂은 뒤, 백묘국을 꽂아 색상이 어울리게 합니다.

10 1차로 완성된 모습입니다.

11 여기에 에키놉스를 더하면 풍성한 느낌의 바구니가 됩니다.

12 마지막으로 피어리스를 채워 완성합니다.

13 양면으로 사용이 가능한 리본을 준비하여 양면 테이프를 한 면에 붙입니다.

14 동그랗게 말아서 붙입니다.

15 중심 부분에 양면 테이프를 붙여 가면서 리본 모양을 만듭니다.

16 처음 시작한 원에서 2배씩 넓혀가면 됩니다.

17 리본을 바구니에 둘러줍니다.

18 완성된 모습입니다.

DAILY LIFE FOR FLOWER

미니 꽃바구니 그리너리 활용

미니 꽃바구니는 꽃과 함께 여러 가지 그리너리(greenary)들을 활용한
작품입니다. 그리너리란 꽃이 아닌 대부분의 원예식물들을 통칭하여 사용하는
말입니다. 꽃시장에서는 '소재'라고 불리기도 하지요. 다양한 소재를
사용해서 꽃 장식의 기본 골격을 잡아준 뒤에 꽃을 꽂으면 작품의 완성도를
높일 수 있고 좀 더 자연스러운 느낌이 듭니다.

바구니+다발꽂기 : 자전거 바구니

자전거 바구니에 꽃을 담으면 공간에 잘 어울리는 인테리어 소품이 됩니다. 무미건조한 집안 곳곳에 플라워를 이용한 소품을 매치해보세요. 한결 화사한 공간으로 변신한답니다. 바구니 가득 봄 향기를 담아보세요.

준비물

장미 2단, 리시안셔스 2단, 이끼시아 2단, 레몬잎 1단, 유리병, 세무끈, 리본, 바구니

DAILY LIFE FOR FLOWER

1 바구니 안에 유리병을 넣고 움직이지 않게 주변을 비닐 등으로 채웁니다.

2 바구니 라인을 따라 꽃을 꽂습니다.

3 사선으로 꽂는다는 느낌으로 꽂아나갑니다.

4 레몬잎과 리시안셔스도 번갈아가며 채웁니다.

5 레몬잎으로 중심 부분에 윤곽을 잡습니다.

6 레이어를 만든다는 느낌으로 아래부터 채워나갑니다.

7 줄기가 빽빽한 느낌이 들도록 꽂습니다.

8 뒷면은 레몬잎으로 마무리합니다.

9 자전거 바구니가 완성되었습니다.

DAILY LIFE FOR FLOWER

바구니+플로럴폼 : 선물용 꽃바구니

그린 수국, 흑장미, 달리아, 카네이션을 풍성하게 담은 꽃바구니입니다. 특별한 날을 축하하는 선물용으로도 적당하고 크리스마스나 생일 같은 기념일에 집안을 장식하기에도 좋습니다. 진한 컬러들의 조합이 어우러진 컬러풀하고 세련된 느낌이 화려한 분위기를 만듭니다.

준비물

그린 수국 1대, 블랙 칼라 2대, 흑장미 1단, 달리아 1단, 카네이션 1단, 리시안셔스 1단, 맨드라미 1단, 바구니, 플로럴폼 2장, 리본(와이어 들어있는 것).

1 플로럴폼을 바구니 크기에 맞게 잘라 넣은 후, 달리아로 아웃 라인을 잡습니다.

2 꽃대는 반드시 사선으로 꽂습니다.

3 달리아 사이에 장미를 꽂습니다.

4 수국을 꽂기 전에 와이어로 아래 부분을 살짝 감아줍니다.

5 부피감이 있는 수국의 자리를 잡습니다.

6 맨드라미와 카네이션을 꽂습니다.

7 1차로 완성된 모습입니다.

8 블랙칼라를 뒤쪽에 꽂아 앞쪽으로 넘겨서 고정해줍니다.

9 리시안셔스를 꽂아 마무리하고 리본을 예쁘게 매서 포인트를 줍니다.

선물 받은 꽃 바구니는 집안 한쪽에 두고보다가 일주일쯤 지나면 쓰레기통으로 보내기 마련인데요, 조금만 신경써서 관리하면 오래 두고 볼 수 있어요. 먼저 꽃바구니의 플로럴폼이 촉촉한지 확인하고, 말라있으면 끝이 뾰족한 용기에 물을 담아 물을 부어줍니다. 이때 물이 넘치지 않도록 주의하세요. 그리고 꽃마다 시드는 속도가 다르기 때문에 매일 체크해서 시든 꽃은 골라내세요. 그냥 두면 건강한 꽃들도 함께 시들어 버립니다. 마지막까지 남아있는 꽃들은 짧게 갈라 유리병이나 접시에 담아보세요.

DAILY LIFE FOR FLOWER

바구니+플로럴폼 : 퐁퐁 국화 도시락

솜사탕처럼 귀여운 퐁퐁 국화. 푸딩 컵에 자갈로 심어 귀여운 도시락에 담았습니다. 깔끔한 인테리어에 포인트가 되는 소품으로 간단하게 만들 수 있어요. 도시락을 좋아하는 스타일로 귀엽게 꾸며 보세요.

준비물

풍풍 국화 2송이, 도시락 용기, 푸딩 컵 2개, 스타핑, 플로럴폼 1/3장, 리본, 자갈, 세무 끈, 나무집게, 스티커, 나무 버튼, 스푼 장식, 양면 테이프.

1 푸딩컵 안에 플로럴폼을 잘라 넣은 다음 도시락 용기 안에 넣고 스타핑을 넣어 움직이지 않게 합니다.

2 국화를 플로럴폼에 꽂고 자갈로 덮어 준 다음 꽃대에 세무 끈을 예쁘게 매어줍니다.

3 스티커와 작은 장식 소품들로 마무리합니다.

캔버스백+다발꽂기 : 캔버스 백에 들꽃 한 다발

봄에서 여름으로 가는 계절, 노란 루드베키아가 한창이에요. 큼지막한 캔버스 토트백에 노란 루드베키아를 담아 현관이나 거실 한 켠에 무심한 듯 두어보세요. 들꽃 핀 오솔길을 걸어가는 경쾌한 기분을 느낄 수 있을거예요.

준비물

캔버스 토트백 1개, 유리저그 1개(지름 15×높이 25㎝), 완충제용 비닐 약간, 루드베키아 2단, 장식용 잡지 2~3권

1 유리저그에 물을 반 정도 채워 주세요.

2 유리병을 캔버스 토트백에 넣고 비닐 등의 완충제를 넣어 움직이지 않도록 해 주세요.

3 유리병에 꽃을 꽂은 다음, 잡지 몇 권을 넣으면 자연스런 멋이 납니다.

DAILY LIFE FOR FLOWER

종이상자+플로럴폼 : 핸드 캐리 플라워 박스

핸드 캐리형 종이 박스에 꽃을 담고 비즈와 리본으로 장식해서 플라워 박스를 만들었습니다. 그 자체로도 예쁜 소품이지만 어떤 자리에도 어울리는 선물이랍니다. 꽃을 선물할 때 조금만 시간을 내서 플라워 박스를 만들어보세요. 기억에 남는 선물이 될 거예요.

준비물

장미 1단, 핸드 캐리형 상자, 플로럴폼 1장, 리본, 비즈, 와이어, 양면테이프, 셀로판지

DAILY LIFE FOR FLOWER

1 상자를 준비합니다.

2 상자 안쪽에 비닐을 깔고 사방을 양면 테이프로 고정합니다.

3 플로럴폼을 상자에 맞게 잘라 넣습니다.

4 가운데에 장미를 꽂습니다.

5 사선으로 장미를 하나씩 꽂아나갑니다.

6 반대쪽 사선으로도 채웁니다.

7 장미가 다 채워졌습니다.

8 와이어에 비즈를 끼운 뒤 꼬아서 고정합니다.

9 고정된 와이어 밑으로 비즈 두 개를 끼워 삼각형 모양으로 만듭니다.

10 장미 사이 사이에 비즈 장식을 꽂습니다.

11 상자를 리본으로 예쁘게 매면 완성입니다.

12 리본은 원하는 스타일로 묶어주세요.

특별한 날, 꽃 장식으로 더욱 특별해져요

해마다 돌아오는 어버이날, 친구의 생일, 밸런타인데이,
아이들의 생일… 간혹 손님 초대라도 하게되면
이만저만 고민이 아니에요.

그럴 때, 직접 만든 깜찍한 꽃 장식을 활용해 보세요.
어렵지 않으면서도, 독특한 장식을 더한다면
더욱 기억에 남는 선물, 칭찬받는 상차림이 될 거예요.
보는 멋이 다른, 자꾸 자꾸 생각나는, 센스 있는 사람이 되는 것,
그렇게 어렵지 않아요.

받는 이는 물론이고 내 마음까지 즐거워지는,
특별한 날을 위한 꽃 장식 아이디어를 만나보세요.

SPECIAL DAY FOR FLOWER

도자기+와이어 :   밸런타인데이 메시지 머그

밸런타인데이에 흔하지 않은 꽃 장식을 선물해보는 건 어떨까요? 달콤한 문구가 적힌 든든한 머그잔에 꽃과 사탕을 꽂으면 센스있는 선물이 됩니다. 꼭 밸런타인데이가 아니더라도 생일이나 특별한 기념일에도 잘 어울리는 소품입니다.

준비물

장미 1단, 머그(지름 10cm), 리본 1마, 녹색와이어(18번) 6개, 은색와이어 30~40cm, 막대사탕 1개

SPECIAL DAY FOR FLOWER

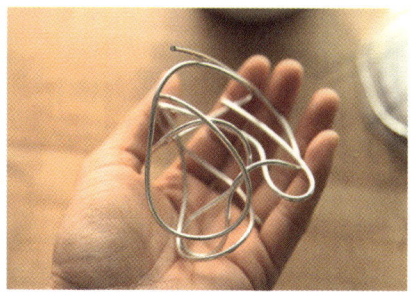

1 은색 와이어를 손으로 구부립니다.

2 구부린 와이어를 머그 안에 넣어 자리를 잡습니다.

3 와이어 안에 잘 고정되도록 꽂습니다.

4 한송이씩 더해가는 느낌으로 꽂아 나갑니다.

5 가운데의 꽃들은 가장자리의 꽃들보다 꽃대를 3cm정도 길게 잘라 입체감을 줍니다.

6 중심 부분에 사탕을 꽂습니다.

7 리본을 8자로 감고 중심을 녹색 와이어로 고정합니다.

8 준비된 리본을 꽃 사이에 꽂습니다.

'DEAD handsome' 직역하자면 '죽도록 잘생긴' 정도겠지요? 이 머그는 영국 유학 시절 미래에 만나게 될 배우자를 생각하며 산 소품이에요. 마음에 드는 문구가 새겨진 머그가 있다면 사두었다가 선물해보세요. 꽃이 지고 난 후에도 사용할 수 있어서 선물한 이의 마음이 오래도록 기억될 거예요.

SPECIAL DAY FOR FLOWER

상자+플로럴폼 :   밸런타인데이 크라프트 박스

일년 중 가장 로맨틱한 날, 밸런타인데이. 사랑을 가득 담은 꽃 상자를 선물해보세요. 우아하고 깔끔한 느낌의 꽃 상자는 사무실 책상에 두어도 부담스럽지 않은 소품이지요. 별 모양의 작은 꽃이 탐스러운 보바르디아와 변치않는 사랑이라는 꽃말을 가진 화려한 리시안셔스, 그리고 장미를 어울리게 꽂아보세요.

준비물

보바르디아 1단, 장미 5송이, 리시안셔스 4송이, 하노이 4송이, 상자(가로 18 × 세로 18cm) 1개, 플로럴폼 1장, 셀로판지(50 × 50 cm) 1장, 양면테이프, 세무 리본 2마, 핑크 스타핑 약간, 얇은 리본 약간, 포장용 봉투 2장, 젤리 300g

SPECIAL DAY FOR FLOWER

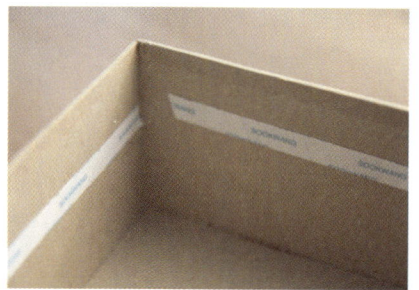

1 상자 안 사방에 양면테이프를 붙입니다.

2 셀로판지를 붙여 고정시킵니다.

3 상자 크기에 맞게 플로럴폼을 잘라 넣습니다.

4 장미를 중심으로 꽃들을 차례로 꽂습니다.

5 남은 공간과 꽃의 비율을 생각하며 상자를 채워 나갑니다.

6 상자에 세무 리본을 매어 완성합니다.

밸런타인데이 선물 아이디어

서양에서 밸런타인데이는 사랑하는 연인들이 선물을 주고 받는 날이지만, 우리나라에서는 여자가 남자에게 사랑을 표현하는 날이지요. 여기저기 넘쳐나는 큰 꽃바구니 대신 직접 만든 소박한 꽃 박스로 마음을 전해보세요. 달콤한 젤리나 사탕, 초컬릿도 함께 넣어 예쁘게 포장하면 사랑을 전하는 데에 더 없이 좋을 거예요.

우정 빼빼로 상자

밸런타인데이가 사랑을 고백하는 날이라면 빼빼로 데이는 주변 사람들과 과자를 나눠먹으며 친분을 확인하는 날이지요. 그런 날을 위한 '우정 빼빼로' 상자입니다. 빼빼로 데이 아침에 직장동료 혹은 친구들과 나눠먹으며 팀워크를 다져볼까요?

준비물

스탬프와 잉크, 양면테이프, 유산지, 하트모양 태그(tag), 브래드 장식, 스트링, 빼빼로

1 유산지를 빼빼로 크기에 맞게 자른 뒤 두 번 돌돌 말아 양면테이프로 고정합니다.

2 양쪽 끝을 두 번 접어서 봉투 모양으로 만들어 주세요.

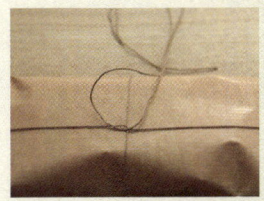

3 스트링은 십자로 단단히 매서 포장이 벌어지지 않게 해주세요.

4 태그에 스탬프를 찍어줍니다.

5 가운데에 장식해 주세요.

6 장식(brad)을 달아주면 아기자기한 빼빼로 빅스가 완성됩니다.

SPECIAL DAY FOR FLOWER

유리+플로럴폼 :　　어버이날 장미와 카네이션으로 장식한 유리병

어버이날 감사한 마음을 카네이션과 장미에 가득 담았어요. 카드와 함께 식탁 위에 올려놓으면 쑥스러워 말로는 못하는 마음을 부모님도 아시겠지요?

준비물

카네이션 1단, 장미 1단, 유칼립투스 약간, 브루니아 약간, 리본, 정사각형 유리 화기(가로 20 × 세로 20cm) 양면테이프, 습자지(4절지 사이즈), 리본, 플로럴폼 2장, 셀로판지(50 × 50cm) 2장, 비닐, 오아시스 2장

1 화기 안쪽에 양면테이프를 붙입니다.

2 비닐을 적당한 크기로 잘라 화기 안에 넣어 고정합니다.

3 고정된 비닐 위에 습자지와 비닐을 깝니다.

4 플로럴폼을 사이즈에 맞게 잘라 넣습니다.

5 유칼립투스를 중심과 가장자리에 꽂아 전체 모양을 잡습니다.

6 카네이션을 중심에 꽂습니다.

7 카네이션을 중심으로 꽃을 꽂아나갑니다.

8 공간과 꽃의 크기를 생각하며 장미와 카네이션을 꽂습니다.

9 카네이션과 장미의 비율을 맞춥니다.

10 브루니아를 장미 사이에 꽂아 자연스러운 분위기를 만듭니다.

11 완성된 모습입니다.

핸드메이드 카드 만들기

부모님이나 친구, 연인에게 마음을 전하는 카드를 직접 만들어 보세요. 세상에 하나뿐인 핸드메이드 카드에 깊은 마음을 담는다면, 정성스럽게 만든 꽃바구니가 더욱 빛날거예요.

준비물

카드 용지(가로 8, 세로 12cm), 스탬프, 잉크,
레터링 전사지, 브래드 장식

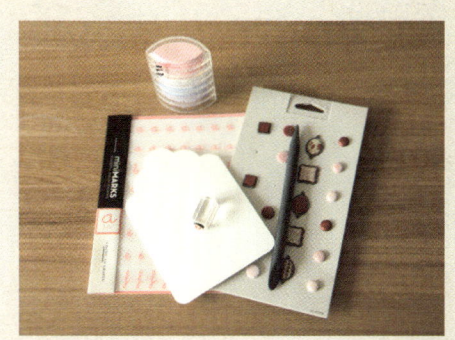

1 원하는 장식(brad)을 고릅니다.

2 장식 뒷면에 있는 뾰족한 부분을 이용해서 카드 용지에 고정합니다.

3 원하는 문구의 레터링 전사지를 카드 용지에 문지릅니다.

4 가운데 들어갈 문구를 씁니다.

5 카드 밑 부분은 스탬프를 찍어 장식합니다.

6 완성된 모습입니다.

SPECIAL DAY FOR FLOWER

유리+리본 :　　어버이날 리본 장식 카네이션

스승의 날이나 어버이날에 선물하기 좋은 심플한 카네이션 작품입니다. 깨끗한 유리 화기에 리본을 두르고 카네이션을 화기에 맞게 잘라 꽂으면 됩니다. 간단하게 만들 수 있지만, 시중에서 파는 카네이션이랑은 확연히 달라보일거예요.

 준비물

붉은 카네이션 2송이, 분홍 카네이션 2송이, 정사각 유리 화기(가로 10, 세로 10cm), 양면테이프, 리본 1마

1 리본 뒷면에 양면 테이프를 붙인 뒤 유리 화기에 십자 모양으로 붙입니다.

2 리본으로 나누어진 공간에 카네이션을 화기 길이에 맞게 잘라 꽂습니다.

3 대각선으로 같은 색의 꽃을 꽂으면 완성입니다.

SPECIAL DAY FOR FLOWER

유리+플로럴폼 :   어버이날 유리 화분에 심은 카네이션

한손에 딱 들어오는 귀여운 크기의 유리 화분에 카네이션을 스타일링해 보았어요. 어버이날에 가슴에 다는 카네이션이나 흔한 꽃다발 대신 직접 만든 카네이션 미니 화분을 선물해보세요. 카네이션은 빨리 시들지 않아 오래 두고 볼 수 있답니다.

준비물

카네이션 1송이, 코치아 약간, 플로럴폼 1/3, 유산지 1장, 양면테이프, 비즈 약간

1 플로럴폼을 유리 화분 크기에 맞게 잘라 넣고 카네이션을 가운데에 꽂습니다.

2 카네이션 주변에 코치아를 꽂습니다.

3 비즈로 플로럴폼 윗부분을 가립니다.

4 유리 화분 밑 바닥과 옆면에 양면테이프를 붙이고 유산지로 화기를 싼 다음 리본을 예쁘게 묶어줍니다.

SPECIAL DAY FOR FLOWER

양철+플로럴폼 :   어버이날 토피어리

어버이날 가슴에 카네이션 다는 걸 영 쑥스러워하시는 부모님을 위해 카네이션 토피어리를 만들었어요.
감사한 마음을 담은 동글동글 카네이션 토피어리를 선물해 보세요.

준비물

카네이션 2단, 루스커스 1단, 플로럴폼 1장, 원형 플로럴폼 1개,
세무끈 약간, 양면테이프, 카드와 장식 소품 약간

SPECIAL DAY FOR FLOWER

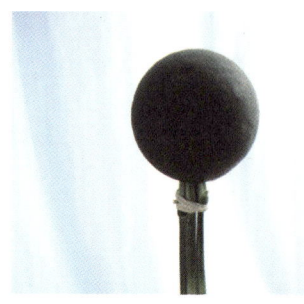

1 양철화기에 플로럴폼을 잘라 넣어줍니다. 카네이션의 꽃대는 적당한 길이로 잘라 세무끈으로 묶은 다음 원형 플로럴폼을 꽂아 화기에 고정합니다.

2 카네이션을 중심부터 반원모양으로 꽂아주세요. 반대쪽도 꽂아 둥근 모양이 되도록 만들어줍니다.

3 같은 방법으로 가운데를 중심으로 앞 뒤쪽으로 꽂아주세요.

4 남은 공간이 없도록 카네이션을 꽂아줍니다. 특히 아래쪽에는 꽃이 빠질 수도 있으니 꽃의 대를 조금 길게 잘라 플로럴폼 깊숙이 꽂아주세요.

5 둥근 모양의 토피어리가 완성되었습니다.

6 토피어리를 고정한 플로럴폼에 루스커스를 조금 빽빽한 느낌이 들도록 꽂아 장식합니다.

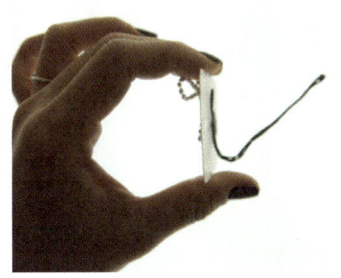

8 와이어에 양면테이프로 감사 카드를 붙여 잘 고정해주세요.

9 적당한 위치에 와이어를 꽂으면 완성입니다.

토피어리(Topiary)는 나무 등을 다듬어 기하학적이고 입체적인 모양으로 만드는 것을 말해요. 소나무나 향나무를 전지하여 동글동글한 구름 모양 등 여러 모양으로 다듬어 놓은 것도 토피어리의 일종입니다. 토피어리는 나무나 꽃뿐만 아니라 이끼, 나뭇잎, 채소, 과일 등 다양한 소재를 이용할 수 있어요. 꽃으로 토피어리를 만들 때는 둥근 모양을 유지하는 것이 가장 중요해요. 아래쪽에 꽂는 꽃들은 줄기를 약간 길게 자르고 플로럴폼에 깊숙이 꽂아야 잘 빠지지 않아요. 처음엔 카네이션이나 장미처럼 꽃의 얼굴 모양이 뚜렷한 종류로 시작해서 점차 다양한 종류의 꽃과 소재로 만들어 보세요.

도자기+잔디 :   테이블 장식 젠 스타일

깔끔하고 군더더기 없는 젠 스타일의 테이블 장식입니다. 더도 덜도 말고 딱 5분이면 준비할 수 있는, 센스 만점의 테이블 장식으로 식사가 더욱 즐거워질거예요. 초대한 손님의 성별이나 연령에 상관없이 두루 활용할 수 있어 더욱 실용적이지요.

준비물

정사각 유리화기(가로 5, 세로 5cm) 3개, 정사각 도기접시(가로 10, 세로 10cm) 4개, 작은 자갈(건축모형용), 미니 사진액자 4매, 잔디 약간, 잎모란 3송이, 다이모, 초

SPECIAL DAY FOR FLOWER

1 적당량의 잔디를 준비합니다.

2 잔디의 뒷부분은 짧게 잘라주세요.

3 앞뒷면에 골고루 물을 뿌려줍니다.

4 잎모란은 짧게 잘라 유리화기에 꽂아주고 남은 잎 중 하나를 골라 사진 액자에 끼워 넣어 주세요.

5 다이모를 이용해서 초대한 손님의 이니셜을 찍어 주세요.

6 사진액자에 붙이면 완성입니다.

테이블 세팅 아이디어

가지고 있는 식기에 어울리는 테이블 세팅을 위한 소품들을 준비해보세요.
깨끗한 도기스타일이라면 깔끔한 느낌의 꽃이나 소품이 어울리고, 색상도
그린이나 화이트 등 한두 가지 톤으로 장식하는 것이 좋습니다.
꽃 그림이 가득한 로맨틱한 스타일이라면 소품도 화려한 느낌으로 준비하고
꽃의 배합도 다양한 색상을 넣어서 장식하면 좋습니다.

SPECIAL DAY FOR FLOWER

유리+올려두기 :   테이블 장식 로맨틱 케이크 트레이

사랑하는 사람을 집으로 초대하는 날. 사랑스러운 분위기를 더해줄 분홍 장미와 초로 장식한 센터 피스입니다. 남은 꽃잎을 활용한 장식으로 로맨틱한 분위기를 더했어요.

준비물

수입 장미 1단, 케이크 트레이(지름 25 × 높이 12cm), 흰 자갈 약간, 작은 유리병, 테이퍼 캔들 1개

1 유리병에 자갈을 채운 뒤 초를 꽂아서 고정합니다. 적당량의 물을 부어줍니다.

2 짧게 자른 장미를 유리병 주위에 두르는 느낌으로 놓아줍니다.

3 케이크 트레이가 채워지면 완성입니다.

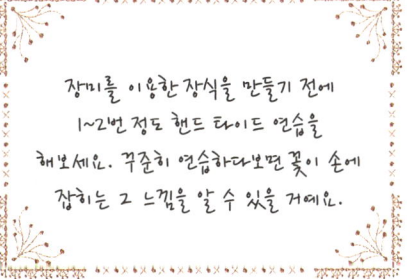

장미를 이용한 장식을 만들기 전에 1~2번 정도 핸드 타이드 연습을 해보세요. 꾸준히 연습하다보면 꽃이 손에 잡히는 그 느낌을 알 수 있을 거예요.

SPECIAL DAY FOR FLOWER

플로럴폼+꽂기 :　　테이블 장식 캔들 리스

Endless… 리스는 시작과 끝이 없는 영원함을 상징하는 꽃 장식이에요.
영원히 함께하고 싶은 사람을 위해 한송이 한송이 꽃을 꽂아 그 마음을 전해 보세요.

준비물

링 모양 플로럴폼 1장, 향초 1개, 리본 약간, 장미 12송이, 팝 콘수국 2대, 튤립 1단, 서귀나무 1단, 스키미아 1단, 유칼립 투스 약간

1 링 모양 플로럴폼을 물에 담궈 준비합니다.

2 서귀나무 잎을 둥근 모양을 유지하면서 풍성한 느낌이 들도록 꽂아주세요.

3 서귀나무 잎 사이사이에 유칼립투스를 꽂아 풍성한 느낌을 더해 줍니다.

4 스키미아를 적당한 위치에 꽂아주세요. 이때 홀수로 꽂아야 예쁜 모양이 나옵니다.

5 스키미아 옆에 팝콘수국과 튤립을 꽂아 장식합니다.

6 장미를 꽂은 뒤 중심에 초를 장식해 마무리합니다.

리스(Wreath)

고대 이집트에서는 죽은 이들을 위한 장례에 리스를 장식하곤 하였습니다.
리스의 둥근 모양이 시작도 끝도 없는 영원함을 상징했기 때문입니다.
고대 그리스에서는 더욱 다양한 소재의 리스가 만들어졌어요. 꽃과 나뭇잎 등
각각의 소재들은 저마다 상징성을 가지게 되었습니다. 우리가 잘 알고 있듯,
월계관은 승리를 상징하는 대표적인 예이지요. 오랜 시간을 거치면서 고대의
의미와는 많이 달라졌지만, 요즘에도 '영원함' 이라는 리스의 의미는 퇴색되지
않고 특별한 날을 위한 장식으로 많이 활용되고 있습니다. 아이의 돌잔치,
생일날 특별한 날에는 다양한 소품과 함께 리스 장식을 해보세요. 홈메이드 파티
장식으로 한몫 톡톡히 해낼 거예요.

SPECIAL DAY FOR FLOWER

이중 유리+송이꽂기: 베이비 파티

핑크공주님들을 위한 엄마표 파티를 준비해보세요. 소소한 소품부터 먹을거리 온통 핑크빛으로 가득한 러블리한 파티, 간단하지만 센스있는 꽃 장식이 파티를 빛내줍니다.

준비물

거베라 1송이씩, 1인용 유리병(푸딩병 또는 미니병) 각 1개씩, 하트 장식, 핑크 스타핑, 레터링지, 세무끈

1 원하는 글귀를 레터링지에서 찾아 준비하세요.

2 전용펜을 이용해 유리병 위에 문질러줍니다.

3 뒷면도 같은 방법으로 장식하세요.

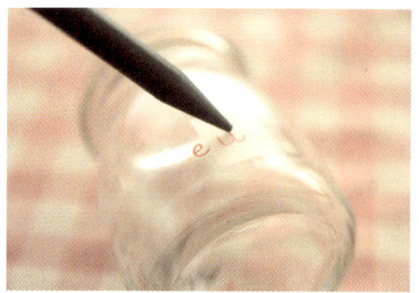

4 완성된 모습입니다.

5 작은 유리병에 물을 채우고 하트장식을 넣어 줍니다.

6 거베라를 작은 유리병에 꽂고 스타핑을 넣은 뒤 세무끈을 매어 마무리합니다.

키즈소품 어디서 사나요?

식탁보 - 고속터미널 2층 원단상가에서 구입 가능합니다.
핑크체크원단 6마 + 무지핑크원단 1마 + 재단&재봉
컵케이크 - 마노핀 www.manoffin.co.kr
마쉬멜로우 - 위니비니 www.weenybeeny.com
레터링지 - 유아쏘 www.youareso.co.kr

생일 축하용 테이블 플라워

Happy Birthday to my baby 뽀오얀 케이크처럼 순수하고 깨끗한 마음을 오래오래 간직하도록 진심을 담아 축하해 주세요.

준비물

유리화기 2개(지름 20×높이 10cm), 원형 플로럴폼 2개, 흰장미 한단, 흰수국 2대, 부바르디아 1단, 설유화 약간

1 둥근 플로럴폼을 물에 담갔다가 밑부분을 잘라 준비합니다.

2 플로럴폼을 가운데 놓습니다.

3 가운데 부분에 장미를 꽂아 주세요.

4 장미를 중심으로 수국을 꽂아 줍니다.

5 수국과 장미를 번갈아 꽂아가며 플로럴폼을 채워 줍니다.

6 전체적으로 둥근 모양이 되도록 해 줍니다.

7 장미와 수국 사이사이에 부바르디아를 꽂아 풍성해지도록 합니다.

8 설유화를 꽃들 사이에 꽂아 주세요.

9 생일 파티용 테이블 장식, 완성입니다.

SPECIAL DAY FOR FLOWER

생화장식 케이크

돌잔치나 결혼식에서 케이크를 생화로 장식하는 경우가 많아요. 생화장식 케이크를 처음 봤을 때 너무 예뻐 눈을 뗄 수 없었죠. 그리고 바로 만들어 보았어요. 만들어보니 그렇게 어렵지 않더라고요.

1 먼저 제과점에서 생크림으로만 아이싱된 케이크를 주문합니다. 프랜차이즈 제과점의 경우 주문하기가 까다롭고 시간도 많이 걸려 개인 제과점을 이용했어요. 직접 케이크를 굽는다면 더 좋겠지요.
2 여분의 생크림을 준비합니다. 플로럴폼 대용으로 사용할 거예요. 케이크 주문할 때 미리 부탁하면 되는데, 너무 묽지 않은 것으로 하세요.
3 장식할 꽃의 종류를 정합니다. 어떤 꽃이든 상관없지만 꽃가루가 날리는 것은 위생상 좋지 않으니 주의하세요.
4 꽃을 소독합니다. 물에 베이킹 소다를 푼 다음 꽃을 담가두면 소독이 됩니다. 꽃 줄기를 간단하게 쿠킹호일로 감싸주어도 됩니다.

SPECIAL DAY FOR FLOWER

화이트 크리스마스 : 　　　눈밭 위의 크리스마스 트리

따뜻한 느낌의 펠트 볼과 차가운 느낌의 눈송이로 장식한 미니트리입니다. 흔히 볼 수 있는 레드 앤 그린이 아닌 블루와 화이트 그리고 실버의 조합이라 세련된 분위기를 낼 수 있지요. 푸딩병을 이용한 티라이트 장식과 세팅하면 더욱 근사한 크리스마스 장식이 됩니다.

준비물

트리(50cm) 1개, 미니펠트볼 10개, 스노우볼 큰 것과 작은 것 10개씩, 눈꽃 장식 1세트, 털실 1묶음, 은색 반짝이 와이어 1롤, 와이어(22번) 약간, 루돌프 장식 10개, 푸딩병 4개, 패브릭테이프, 양면테이프, 티라이트 4개, 은색 루돌프 와이어 1롤

SPECIAL DAY FOR FLOWER

1 두 겹의 털실로 리본 모양을 만든 다음 와이어로 고정합니다.

2 가운데 부분을 은색 반짝이 와이어로 감습니다.

3 트리에 고정시킬 부분의 와이어를 뒤쪽으로 빼서 준비해 둡니다.

4 펠트볼을 트리 가지에 건 다음, 와이어를 U자로 만들어 고정시킵니다.

5 스노우볼도 트리 가지에 건 다음, 와이어를 U자로 만들어 고정시킵니다.

6 두 가지 볼과 털실 장식을 고정한 모습입니다.

SPECIAL DAY FOR FLOWER

7 루돌프 장식 가운데 글루를 조금만 쏩니다.

8 루돌프를 가지에 붙여 고정시킵니다.

9 작은 사이즈의 스노우볼을 장식합니다.

10 푸딩병에 은색 장식 와이어를 구겨 넣고 패브릭 테이프를 감습니다.

11 눈꽃 장식 뒷면에 양면테이프를 붙입니다.

12 푸딩병에 눈꽃을 붙입니다. 완성!

꽃시장에서 파는 인공눈

꽃시장에서 파는 인공눈입니다. 크리스마스 장식에 활용하면 진짜 눈처럼 보이는 유용한 아이템이죠. 특히 사진 촬영할 때 좋아요. 따뜻한 실내의 트리를 눈 소복이 내린 야외 분위기로 바꿔주거든요. 단, 인공눈은 사람의 움직임이 별로 없는 곳에 장식하는 것이 좋아요. 매우 가벼운 소재여서 작은 움직임에도 흩날리고 정전기가 있으면 달라붙기 때문에 주의해야 해요.

SPECIAL DAY FOR FLOWER

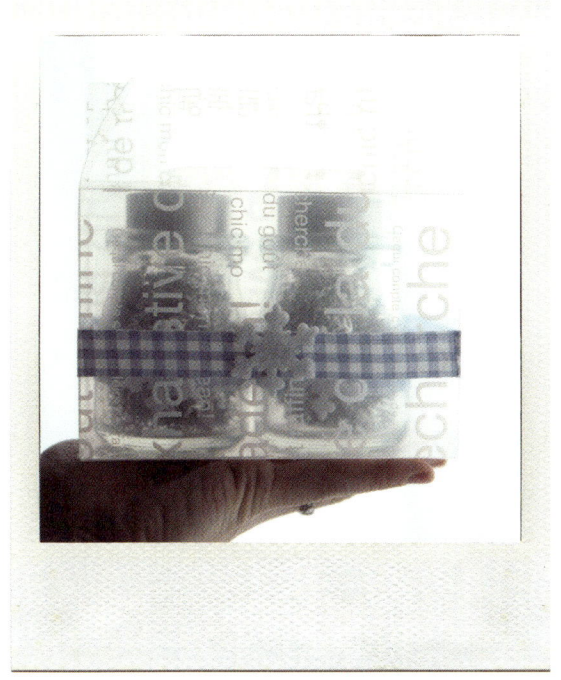

푸딩병으로 초간단 터라이트 만들기

푸딩병에 터라이트 하나 넣었을 뿐인데 참 근사한 소품이 됩니다. 푸딩병 안에 좋아하는 소품을 넣고 리본이나 패브릭 테이프 등 원하는 소재로 장식하면 된답니다. 무엇이든 원하는 스타일로 꾸미면 됩니다. 심플한 장식이지만 인테리어 소품으로도 활용할 수 있고 예쁜 상자에 넣어 선물해도 좋아요.

SPECIAL DAY FOR FLOWER

크리스마스 :　　크리스마스 캔들 센터피스

크리스마스 저녁, 은은한 조명 아래 초와 꽃으로 장식한 센터피스를 테이블 가운데에 놓아보세요. 멋진 센터피스 하나 만으로도 따뜻하고 특별한 크리스마스 분위기를 연출할 수 있습니다. 격식있는 자리에 꼭 필요한 센터피스, 같이 만들어볼까요?

준비물

나무상자(가로 35 × 세로 13 × 높이 10cm) 1개, 플로럴폼 2장, 유산지 약간, 초3개, 셀로판지(50 × 30cm) 1장, 내수성 테이프, 와이어(18번) 약간, 크리스마스볼 6~7개, 장식용 솔방울 10개, 장미 9송이, 카네이션 9송이, 국화 7송이, 스키미아 약간, 다정금 약간

1 상자 안에 셀로판지를 넓게 펼쳐 깝니다.

2 플로럴폼 1장을 통째로 넣은 후, 빈 부분에는 남은 1장을 재단해서 넣습니다.

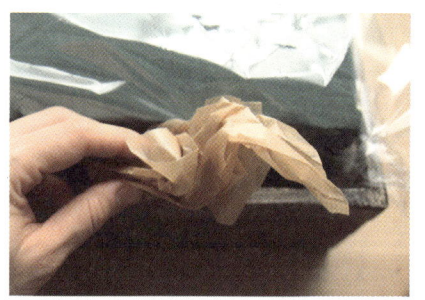

3 플로럴폼과 상자 사이에 유산지를 구겨 넣어 움직이지 않게 합니다.

4 플로럴폼 바깥 부분은 잘라내고 남은 부분은 안쪽으로 깔끔하게 정리합니다.

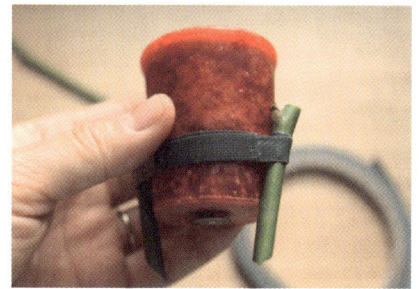

5 자르고 남은 장미 가지를 초의 밑 부분에 청테이프를 이용해 고정시킵니다.

6 같은 방법으로 3개를 준비합니다.

7 준비된 초를 플로럴폼 위에 꽂습니다.

8 그리너리로 모양을 잡습니다.

9 가운데 초를 중심으로 장미를 위아래로 볼륨감 있게 꽂습니다.

10 꽃들이 초와 너무 가깝지 않도록 주의합니다.

11 카네이션까지 꽂으면 더욱 탐스러운 모양이 되지요.

12 스키미아와 국화를 사이사이에 채워넣습니다.

13 볼에 와이어를 고정해서 준비합니다.

14 마지막으로 볼을 꽂으면 완성!

15 크리스마스 분위기가 물씬 풍기는 센터피스가 되었네요.

SPECIAL DAY FOR FLOWER

테이블 센터피스 알아두기

센터피스란 말 그대로 테이블 가운데에 두는 꽃 장식을 뜻합니다. 테이블 센터피스를 만들 때는 센터피스의 눈높이에 주의합니다. 디너테이블에 올려놓게 되면 눈높이보다 낮거나 아니면 아주 높게 만들어야 시선을 주고받는데 지장이 없습니다. 만약 높이가 애매한 경우라면 투명화기를 이용해서 답답함을 덜어줍니다. 그리고 식사하는 자리라면 향이 너무 진한 꽃이나 가루가 떨어지는 꽃은 피하는 것이 좋습니다. 또 계절이나 시간, 장소, 행사의 성격을 고려하는 것이 좋겠지요? 크리스마스라면 화려해도 좋겠지만 어른들을 대접하는 자리라면 조금 차분한 분위기로 준비하면 더욱 잘 어울릴 거예요.

SPECIAL DAY FOR FLOWER

컨트리 크리스마스 : 　　컨트리 하우스 트리

크리스마스 트리는 가장 효과적인 겨울 소품입니다. 흔히 볼 수 있는 클래식 스타일의 트리가 이제 지겹다면 말린 오렌지, 시나몬 스틱, 통통한 털실 볼과 양철 양동이로 겨울 내내 집안을 따뜻하게 만들어 줄 컨트리 스타일 하우스 트리를 만들어 보세요.

준비물

120cm 트리 1개, 털실볼 15~20개(여러가지 사이즈), 양철양동이 10개, 별장식 3개, 뜨개질 장식 4개, 양말 장식 4~5개(다양한 색상), 털실 1~2가지 색상, 말린 오렌지 10~15개, 시나몬 스틱 15~20개, 펠트 매트 12장, 와이어(22호) 약간, 전구장식(240구) 1개, 양철양동이(지름 25 × 높이 30cm) 1개, 우레탄폼 1장, 글루건

SPECIAL DAY FOR FLOWER

1 120cm 트리는 큰 가지 1개, 작은 가지 1개, 받침대로 구성되어 있습니다.

2 큰 가지를 받침에 끼우고 고정시킵니다.

3 가지를 펼치면 이런 모양이 됩니다.

4 구멍에 작은 가지 뭉치를 끼웁니다.

5 손으로 가지 뭉치를 하나하나 펴 주세요.

6 양동이 안에 조화용 플로럴폼을 넣은 후, 벽돌 같은 무거운 물건을 넣어 지지해 줍니다.

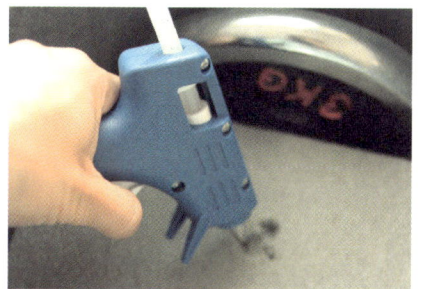

7 오아시스 중심에 글루를 쏘아줍니다.

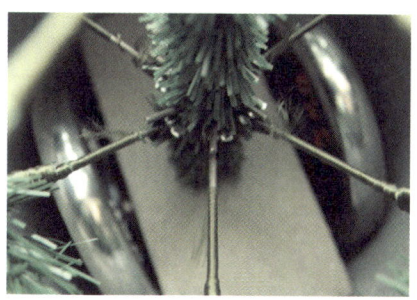

8 트리의 밑부분에 글루를 쏘아 둔 플로럴폼 중심에 똑바로 꽂고 글루가 굳을 때까지 움직이지 않도록 합니다.

9 고정이 되면 작은 가지 뭉치를 꽂아 줍니다.

10 자연스러움을 더하기 위해 다른 소재의 가지를 꽂은 뒤 와이어로 고정시킵니다.

11 처음 상자에서 꺼내 큰 가지 뭉치와 작은 가지 뭉치를 연결한 모양입니다.

12 손으로 하나하나 가지를 펴서 모양을 예쁘게 만듭니다.

13 먼저 볼들을 답니다. 와이어로 고정시키면 좋습니다.

14 양철 양동이, 시나몬, 말린 오렌지를 와이어로 고정시키면서 답니다.

15 나머지 오너먼트들을 꼼꼼히 달아줍니다.

16 펠트로 만든 커다란 리본을 상단에 달면 완성!

SPECIAL DAY FOR FLOWER

나만의 트리 만들기

우선 트리를 어디에 놓을지를 정하세요. 32평 거실의 경우에는 120cm에서 150cm 트리가 적당합니다. 그리고 스타일을 정하세요. 내추럴한 스타일, 깔끔한 스타일, 화려한 스타일…. 또 예산을 정해야 합니다. 트리에 다는 장식품은 가격이 비싸고 나무 크기가 조금만 커져도 오너먼트의 양이 꽤 많아져 예산을 초과하기 쉬워요. 10월 말이 되면 크리스마스 트리가 조화 시장에 등장합니다. 매년 나오는 상품들을 보면 그 해의 트렌드를 읽을 수 있습니다. 털실이나 펠트를 이용한 제품들이 인기를 끌었던 적도 있었고 종이로 만든 페이퍼 볼이 유행하기도 했지요. 조화 시장을 둘러보면서 나만의 감각을 키워보세요. 일단 시장을 둘러보면서 마음에 드는 스타일의 점포를 찜해보세요. 장식된 트리나 소품들을 보면서 아이디어를 수집합니다. 트리 소품에 관해 궁금한 부분이 있으면 판매하는 분들에게 물어보면 친절하게 가르쳐 준답니다.

 생생하게, 오래도록 즐기는 꽃 장식

화사하고 예쁜 꽃이지만 오래 동안 두고 볼 수 없어
안타까울 때가 있어요.

오래 두고 보고 싶을 때는 일명 조화라고 불리는
실크플라워를 활용해 보세요.
오래 볼 수 있어 좋고, 진짜 꽃보다 더 진짜 같아 인기랍니다.

또 나뭇가지 등의 자연소재와 키우기 쉽고
공기정화에도 좋은 다육식물도 오래도록 생생해서 좋아요.
내 집을 꾸미는 작은 행복… 지금 시작해 볼까요?

LONG LASTING

토분+플로럴폼 :　　실크플라워 토분

실크플라워는 조화를 말합니다. 실크 등 여러 소재로 만들지만 통칭하여 실크플라워라고 불러요. 생화보다 비싸지만 오래 두고 볼 수 있어 다양하게 활용해 볼 수 있어요. 실크플라워를 토분에 스타일링하면 내추럴하면서도 빈티지한 소품이 됩니다.

준비물

연보랏빛 빈티지 수국 1대, 올리브 열매 2가지, 라난 큘러스 1대, 래빗이어 1대, 조화용 우레탄폼 1장, 세무끈 30cm, 토분(지름 10 × 높이 15cm), 칼, 와이어(22번) 약간

LONG LASTING

1 적당한 토분과 우레탄폼을 준비합니다.

2 토분 모양에 맞게 우레탄폼을 깎습니다.

3 우레탄폼을 토분 안에 넣은 다음 모서리 부분을 다듬어줍니다.

4 적당한 양의 수국을 와이어로 묶고 꽂아 줍니다. 이때 늘어지지 않게 주의합니다.

5 우레탄폼에 고정한 수국의 자리를 잡습니다.

6 수국을 중심으로 라넌큘러스를 꽂습니다.

7 수국과 라난큘러스를 비슷한 비율로 꽂습니다.

8 사이사이에 올리브 열매로 장식합니다.

우레탄폼 or 스티로폼?

실크플라워(조화)를 화기에 장식할 때 플로럴폼 대신 이용하는 것이 우레탄폼이나 스티로폼입니다. 각각의 장단점을 비교해 보고 편한 쪽으로 골라 쓰면 됩니다. 우레탄폼은 글루건으로 고정하지 않아도 조화를 잡아주는 힘이 좋아서 처음 조화 장식을 만든다면 조금 더 편하게 쓸 수 있습니다. 단, 자를 때 가루 날림이 있으니 주의해야 합니다. 스티로폼은 쉽게 구할 수 있고 저렴한 반면 조화를 잡아주는 힘이 약해서 글루건을 이용해서 한번 더 고정해주어야 합니다.

LONG LASTING

나무 리스틀+와이어: 실크플라워 컨트리 리스

현관이나 방문에 걸어놓기 좋은 리스를 만들어 볼까요? 실크플라워로 만들면 오래 쓸 수 있지요. 수국과 라넌큘러스와 올리브를 엮어 컨트리풍 실크플라워 리스를 만들어 보았어요. 만들기도 쉽고 선물하기도 참 좋은 아이템입니다.

준비물

수국 1대, 라넌큘러스 5송이, 올리브 열매 약간, 리스틀(지름 20cm) 1개, 세무끈 2가지 색깔 각각 30cm, 와이어(22번) 약간, 자루장식 1개, 나무집게 1개, 수국 1대, 라넌큘러스 5송이, 올리브 열매 약간, 토분 1개

LONG LASTING

1 장식할 소품에 와이어를 감아 준비합니다.

2 방향을 정하고 그 방향을 따라 꽃을 고정시킵니다.

3 꽃과 소품을 번갈아 가며 장식합니다.

4 올리브와 잎사귀를 사이사이에 넣어 자연스러움을 더해주세요.

5 소품을 이것저것 배치해보며 더 어울리는 자리를 찾아줍니다.

6 반 정도 채워지면 남아있는 소품의 양과 공간을 확인해둡니다.

7 장식이 끝난 모습입니다.

8 빈 공간에 리본이나 세무끈을 매어 포인트를 줍니다.

9 컨트리 스타일 리스가 완성되었습니다.

리스 포장하기

리스를 만들어 선물해보세요. 포장이 살짝 고민된다면, 비닐과 골판지를 활용해 간단하게 포장하는 방법을 알려드릴게요. 핸드메이드라 기성품과는 다른 따뜻한 정성이 느껴질거예요.

 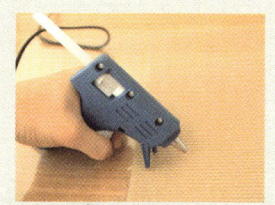 

1 비닐과 골판지를 준비합니다. 골판지 뒷면에 양면테이프를 붙여 고정합니다.

2 고정된 골판지 앞면에 리스 모양으로 글루건을 쏩니다.

3 골판지의 글루 위에 리스를 살짝 얹습니다.

4 리스 위에 비닐을 덮은 뒤 아래쪽 비닐과 위쪽 비닐을 양면테이프로 고정합니다.

5 사방을 고정해서 상자 모양으로 만듭니다.

6 남는 부분을 가위로 잘라냅니다.

7 비닐을 뒤로 말아 셀로판 테이프로 고정합니다.

8 리본으로 마무리하면 정성 가득 핸드메이드 선물 포장 완성!

LONG LASTING

화병+다발꽂기 :   실크플라워 화병 꽂이

가장 멋진 인테리어는 '정리' 입니다. 깨끗이 정리된 테이블이나 콘솔 위에 실크플라워 장미 화병을 놓아 보세요. 화병과 장미 한다발, 그리고 약간의 시간을 내면 화사한 소품을 만들 수 있습니다. 요즘은 생화 보다 더 예쁜 실크플라워도 만날 수 있어요.

준비물

실크플라워 장미 11송이, 화기 꽃병 큰 것(지름 18, 높이 30cm), 작은 것(지름 13, 높이 24cm)

LONG LASTING

1 화기의 끝에 걸친다는 느낌으로 꽃을 꽂습니다.

2 첫 번째 꽃과 대칭을 이루어 반대편에 꽂습니다.

3 삼각형 모양이 되도록 세 번째 꽃의 자리를 잡아줍니다.

4 가운데 꽃을 중심으로 모든 꽃들이 삼각형을 이루는 느낌으로 꽂아줍니다.

5 빈 공간을 사이사이 채워줍니다.

6 제일 긴 꽃을 중심에 꽂으면 완성됩니다.

실크플라워 다루기 ●●●●●●●●●●●●●●●●●●●●●●●●●●

실크플라워는 가지 안쪽에 와이어가 들어있어서 마음대로 구부려서
사용할 수 있습니다. 와이어는 보통의 가위나 꽃 가위로는 잘라지지 않아,
니퍼로 잘라줍니다.

LONG LASTING

나무 리스틀+타이어 :   장미 앤 수국 리스

고대 그리스에서 신에게 바치는 장식물로 이용되었던 리스는 꼭 원형이 아니어도 되고 다양한 소재로 만들 수 있는 아이템입니다. 생화보다 더 예쁜 빨간 장미와 연보라빛 수국으로 로맨틱한 리스를 만들어 보세요. 허전하다 싶은 빈 벽 어디에나 잘 어울리는 소품입니다.

준비물

실크플라워 장미 5송이, 올리브열매 5가지, 수국 3대, 리스 틀(지름 25cm), 와이어(22번) 약간

LONG LASTING

1 장미 꽃송이만 떼어낸 뒤 와이어를 준비합니다.

2 장미 뒤의 구멍에 와이어를 통과시킵니다.

3 와이어 끝을 구부린 뒤 아래쪽으로 당깁니다.

4 빠져나온 와이어를 꼬아서 고정시킵니다.

5 필요한 양만큼 와이어링을 해서 준비해둡니다.

6 리스틀에 와이어로 고정된 장미를 11자로 통과 시킵니다.

LONG LASTING

7 뒤로 빠져나온 와이어를 꼬아서 고정시킵니다.

8 장미, 올리브, 수국의 순서대로 장식해나갑니다.

9 비율을 생각하며 공간을 채워주세요.

10 옆면도 살펴가면서 단단하게 고정시킵니다.

11 반쯤 채워진 상태에서 남아있는 꽃들의 자리를 마음 속으로 잡아보세요.

12 완성된 모습입니다.

컨트리 미니 갈란드

갈란드란 꽃과 잎, 줄기 등으로 하는 오래된 꽃 장식의 하나로 원래는 '줄'이라는 뜻입니다. 꽃 대신 작은 소품들을 매달아 컨트리 미니 갈란드를 만들어 보았어요. 의자나 계단, 커튼 등 다양한 곳에 장식할 수 있어요. 따뜻하고 귀여운 미니 갈란드, 함께 만들어 볼까요?

준비물

노끈 50cm, 미니집게 12개, 패브릭씰 3개, 곰장식 5개, 옷장식 1세트, 라피아끈 약간, 글루건

1 곰장식 위에 글루건을 쏘아 주세요.

2 글루건 위에 라피아끈을 붙입니다.

3 노끈 위에 집게로 소품들을 장식하면 완성!

LONG LASTING

유리+양초 :   오렌지 캔들

말랑말랑 투명한 젤리 향초를 만드는 시간은 언제나 즐겁습니다. 잘 말린 오렌지에 라피아를 감고 시나몬들을 톡톡 적당한 크기로 잘라 넣어주고 귀여운 소품들을 가득 담은 뒤 젤을 부어 굳히면 끝! 처음엔 힘들고 복잡하게 생각되지만 한두 번 만들다보면 그 재미에 흠뻑 빠진답니다.

준비물

핫 플레이트, 알루미늄 계량 용기, 종이컵 4~5개, 라피아 50cm, 에센셜 오일, 젤리 500g, 심지, 말린 오렌지 8개, 시나몬 스틱 4개, 장식 풋말 2개, 유리용기 큰 것(가로 10 × 세로 10cm) 1개, 작은 것 (지름 5 × 높이 7cm) 1개

LONG LASTING

1 유리용기 두 개를 준비합니다.

2 두 개의 유리병 사이에 시나몬을 잘라 넣습니다.

3 장식풋말도 넣어줍니다.

4 말린 오렌지를 라피아로 묶어서 넣어주세요.

5 위쪽에서 바라보면 이런 모양입니다.

6 심지를 준비해 주세요. 지지대에 심지를 끼운 뒤 꽉 집어주면 고정됩니다.

7 연필에 심지를 돌돌 감아 지지대의 밑면이 바닥에 닿도록 걸쳐줍니다.

8 젤을 녹입니다.

9 젤이 막대를 따라 흐를 정도로 묽게 되면 사용가능한 상태입니다.

10 종이컵의 3/4정도까지 젤을 부어주세요.

11 에센셜 오일 4~5방울을 넣고 빨리 저어주세요. 진한 향을 원하면 조금 더 넣어주세요.

12 안쪽 용기부터 젤을 서서히 부어줍니다.

LONG LASTING

13 4~5번에 걸쳐 용기에 젤을 부어주세요. 1cm정도 남기고 채우면 됩니다.

14 4~5일 정도 굳도록 놔두면 완성입니다.

> 젤리초는 투명하기 때문에 안에 들어가는 소품들을 깔끔하게 손질해서 넣어야 합니다.
> 그렇지 않으면 젤을 부었을 때 부유물들이 둥둥 떠올라서 보기 좋지 않거든요. 녹인 젤을 종이컵에 따른
> 뒤 오일과 혼합할 때 빠른 시간 안에 저어야 굳지 않아요. 또 젓는 막대기의 재질은
> 쇠로 된 것을 준비하세요. 나무젓가락의 경우 제조시 사용된 표백제가 녹아나와 젤이 뿌옇게
> 변해버려요. 자연소재를 이용해서 만든 초이기 때문에 젤을 다 붓고 나면 기포가 올라올 수 있어요.
> 햇볕 좋은 곳에 4~5일 두면 대부분 자연적으로 없어지니 걱정하지 마세요.

젤리초 포장하기

1 바구니에 유산지와 스타핑을 깔아주세요.

2 포푸리를 주변에 채워줍니다. 손잡이에 리본을 매면 오렌지캔들 & **포푸리** 선물세트 완성입니다.

LONG LASTING

유리+오일 :   배쓰 쏠트

욕조 가득 물을 받아두고 여유롭게 즐기는 목욕. 생각만 해도 즐거워집니다. 그 시간을 더욱 향기롭게 만들어줄 배쓰 쏠트를 만들어 보았어요. 소금과 허브, 올리브오일을 이용한 배쓰 쏠트입니다. 피부를 촉촉하고 매끄럽게 가꾸어주는 배쓰 쏠트, 직접 만들어보세요.

준비물

소금 300g(피부에 사용이 가능한 것으로 준비), 말린 로즈 마리, 라벤더 각 1컵씩(종이컵 계량), 올리브오일 300ml, 에센셜 오일 약간, 레이스 리본 1마, 유리용기 1개, 조화 장식

LONG LASTING

1 유리용기와 소금을 준비하세요.

2 먼저 말린 로즈마리와 라벤더를 바닥에 깔아줍니다.

3 소금과 허브를 번갈아 깔아서 유리용기의 3/4지점까지 채웁니다.

4 올리브오일을 소금과 허브가 잠길 정도로 부어줍니다.

5 원하는 향의 에센셜 오일을 5~6방울 뿌려주세요.

6 리본을 매고 조화로 장식하면 완성입니다.

핸드메이드 목욕제

피부를 부드럽게 만들어주는 소금과 보습을 위한 올리브오일, 거기에 아로마 효과를 가진 허브를 더해 만드는 배쓰 쏠트는 여러 모로 쓰임이 많아요. 절구에 콩콩 찧어 스크럽으로 써도 좋고 욕조에 풀어서 입욕제로 써도 좋아요. 넉넉히 만들어서 고마운 사람들에게 선물해보세요.

LONG LASTING

유리+마사토 :   유리그릇에 심은 다육

다육식물은 건조한 지역에서 살아남기 위해 잎에 수분을 머금고 있는 식물을 말합니다. 다육식물은 키우기도 쉽고 공기 정화 효과도 있어 인기가 많아요. 예쁜 유리 용기에 다육식물을 심어보세요. 통통하게 살이 오르는 모습이 아주 귀엽습니다.

준비물

다육 식물(천대전송), 유리 용기(지름 9.5, 높이 10cm) 2개, 다육용 흙 4컵, 마사토 반컵, 티스푼

1 유리 용기를 준비합니다.

2 다육용 흙을 반 정도 채웁니다.

3 다육 뿌리 부분의 흙을 털어냅니다.

4 가운데 부분에 자리를 잡습니다.

5 다육 주변으로 2/3 정도 나머지 흙을 채웁니다.

6 마사토로 덮어주면 완성됩니다.

다육 식물 알아보기

다육식물은 건조하고 일교차가 심한 환경에서도 자랄 수 있는 강인한 생명력을 가지고 있습니다. 그래서 화초 키우기에 매번 실패하는 이들도 다육식물만큼은 잘 키우는 경우가 많지요. 다육 식물은 귀여운 찻잔이나 그릇, 다 먹은 사탕깡통 등 어떤 용기에도 심을 수 있어요. 가장 주의할 점은 물주기인데요, 물빠짐이 없는 화기는 적옥토를 바닥에 깔면 좋습니다. 화분이 축축해지도록 물을 주되 10일에 한 번 정도만 주면 됩니다. 다육 식물의 잎이 쭈글쭈글해졌다면 목이 마르다는 신호랍니다. 또 통풍이 잘 되는 곳에 두어야 하고 직사광선을 피하되 햇빛이 잘 드는 곳에 두면 더 잘 자랍니다. 이렇게 키우다보면 어느새 쑥 자라있거나 운이 좋으면 꽃을 피우기도 하지요.

도자기+흙 :   코코테에 심은 다육이들

도기로 된 코코테 세트에 귀여운 다육 식물을 심어보았어요. 화기로 사용할 수 있는 예쁜 그릇들에 다육을 심으면 센스있는 인테리어 소품이 되지요. 어떤 그릇과 어떤 다육 식물이 어울리는지 고르는 재미를 느껴보세요.

준비물

다육 식물 3~4가지, 코코테 2개(큰것 지름 12.5 높이 5.5cm, 작은것 지름 10.5, 높이 5cm), 적옥토 3컵, 다육용 흙 8컵, 모래 2컵, 모종삽, 티스푼

1 코코테에 적옥토를 1cm 두께 정도로 깝니다.

2 다육용 흙을 적옥토 위에 2/3정도 채워줍니다.

3 제일 큰 다육 식물의 자리를 잡습니다.

4 다육 식물을 심은 다음 흙을 채워 움직이지 않도록 합니다.

5 두 번째로 큰 다육 식물의 자리를 잡은 후 남은 공간에 작은 다육 식물들을 심습니다.

법랑+마사토 : 다육 미니정원

귀여운 다육식물들이 오밀조밀 모여사는 당나귀의 미니정원으로 놀러오세요. 조그만 법랑대야 안에 다육이들을 심었어요. 오밀조밀한 소품으로 장식하면 일년 내내 싱그러움이 가득한 미니정원이 되지요.

준비물

다육식물 3~4가지, 법랑대야(지름 30 × 높이 10cm) 1개, 미니토분 1개, 양철 물조리개 1개, 장식픽 1개, 당나귀장식 1개, 둥근나무조각 1개, 울타리장식 1개, 적옥토 3컵, 다육용 흙 10~15컵, 마사토 5컵(종이컵 계량)

LONG LASTING

1 법랑대야를 준비합니다.

2 바닥에 적옥토를 2cm두께로 깔아줍니다.

3 적옥토 위에 흙을 약5~6cm 두께로 깔아주세요.

4 뿌리의 흙을 털어낸 다육을 준비합니다.

5 다육의 자리를 정한 뒤 흙을 덮어 심습니다.

6 여러가지 다육의 자리를 잡아주세요.

7 흙이 보이지 않도록 마사토를 덮어 줍니다.

8 마사토를 덮고 픽을 꽂은 모습입니다.

꽃시장에 가봐요

매주 수요일 밤이 되면 꽃향기가 더욱 짙어지는 곳, 바로 강남 고속버스터미널 3층의 꽃시장입니다. 약 320여 개의 상가 중 절반이 밤 12시부터 다음날 오후 1시까지 문을 여는 생화시장이고, 절반은 밤12시부터 다음날 오후 6시까지 문을 여는 조화시장입니다. (조화시장의 경우 상가별로 문여는 시간이 조금씩 달라요.)

꽃 장식에 쓰이는 거의 모든 소품들을 이곳에서 구매할 수 있어요.

꽃시장에서 잊지 말아야 할 것

생화
1 도매로 판매하는 곳이므로 현금으로만 결제가 가능합니다.
2 모든 꽃은 1단 단위로 판매됩니다. 단의 수량은 꽃마다 달라요. (ex: 장미 1단=10송이)
3 새로운 꽃이 제일 많이 들어오는 날은 수요일입니다.
4 특별히 원하는 꽃은 1~2주 전에 예약해야 하고, 예약금이 있습니다.

조화
1 도매여서 낱개 구입이 불가능한 경우도 있습니다.
2 카드결제나 현금영수증 발행이 가능하고 부가세 10%가 추가됩니다.
3 필요한 양만큼 미리 확보해 두는 것이 좋아요. '다시 와서 사야지' 하고 다음에 오면 물건이 없는 경우가 있습니다.

* 매주 일요일은 휴무입니다.
주차카드에 도장 찍는 것을 잊지 마세요! 꽃시장을 돌아다니다 보면 벽이나 기둥에 주차도장이 매달려 있습니다. 주차도장을 찍으면 두시간에 이천 원으로 할인됩니다. (도장이 있는 조화상가에서는 직접 찍어달라고 하면 됩니다.)

위치   지하철 3,7호선 고속터미널역
        경부선 고속버스터미널 3층
영업시간 생화 오전12시~오후1시
        조화 오전12시~오후6시
문의전화 02-535-2118

생화

16호 소재2호 (02-535-2030)
다양한 종류의 소재를 판매하는 곳입니다. 원하는 스타일을 알려주면 적절한 소재를 추천해 주기도 합니다.

18호 신신도기 (02-535-3651)
다양한 종류의 화기를 저렴한 가격으로 구입할 수 있습니다.

66호 조은원예
생화시장 한가운데 위치해 있는 조은원예에는 특히 예쁜 꽃들이 많아 플로리스트들 사이에서 인기 있는 곳입니다. 수요일 밤이면 외국에서 수입된 특이하고 예쁜 꽃들을 살 수 있어요.

87호 청운원예 (02-534-1266)
늘 예쁘고 싱싱한 수국과 장미가 있어요.

155호 로즈앤 (02-533-3176)
영국 가든장미를 구매할 수 있는 곳입니다. 수입 꽃을 전문으로 하는 곳으로 특별한 꽃이 필요할 때 추천할 만한 곳입니다.

조화

171호 현대데코 (02-535-1122)
조화시장에서 가장 큰 규모의 매장입니다. 조화, 바구니, 리본, 와이어, 포장지 등 꽃 장식에 관한 모든 소품이 있어요.

293호 올리브키스 (02-593-1538)
올리브키스는 컨트리 스타일의 소품이 가득합니다. 직원들이 모두 '초원의 집'에 사는 가족들처럼 예쁜 유니폼을 입고 있어서 눈에 띄는 곳이에요. 다른 곳에서 보기 힘든 특이한 조화와 소품들이 많아요.

250호 디앤디 (02-3478-0845)
www.dndline.com
리본, 와이어, 플로럴폼, 포장상자, 포장지 등 꽃 장식에 관련된 소품을 판매하는 곳입니다. 친절한 직원들이 자세히 설명도 해줍니다. 온라인숍도 운영하고 있어서 꽃시장에 오기 힘들 때 이용하기 편리해요.

265호 로사 (02-594-079)
구석구석 귀여운 소품들이 한가득 숨어있는 로사. 사장님의 소품 만드는 센스가 남달라서 아이디어가 필요할 때 일부러 찾아가기도 합니다.

300호 플라워마트 (02-594-5331)
다양한 종류의 조화와 소품을 판매하는 곳입니다. 작은 사이즈부터 매장을 장식할 수 있는 대형사이즈의 장식까지 구매할 수 있습니다.

312호 리틀 하우스 (02-536-4855)
양철로 만든 양동이나 나무로 된 이니셜, 건조된 자연 소재 소품 등 내추럴한 스타일의 소재를 판매하는 곳입니다. 일찍 문을 닫는 편이므로 미리 시간을 확인하는 것이 좋아요.

점포 배정 현황

347					339		

플라워 마트

300				올리브 키스			
				295	307		
256					293		264
255	254	253	252	250			
				디앤디			
211		213	214	215	206	205	205
	210	209	208	207			

조화 매장 · · · · ·

				181	182	
		178		180	현대 데코	
		171		167	166	

	141			145	146	147	149
			136	134			
178		101			104	105	
99			95				88
		55					
51	50				43	41	

생화 매장 · · · · ·

| | | | | | 9 | | |

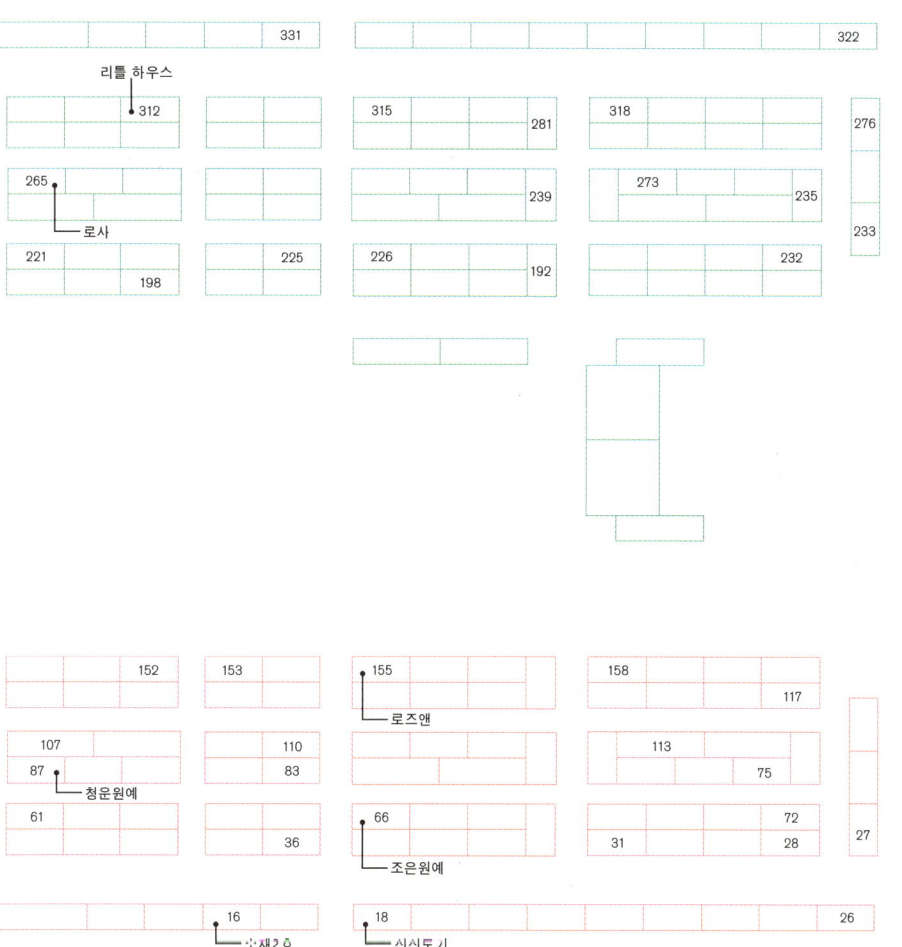

리본이야기

플로리스트가 되겠다고 결심한 순간부터 열심히 사 모았던 것이 바로 리본이었어요. 지금도 꽃시장이나 동대문 리본상가에 가면 진열대 가득 놓여있는 리본에서 눈을 떼지 못해요. 아름다운 꽃들을 더 아름답게 만들어주는 친절한 친구, 리본의 종류와 활용법을 알아볼까요?

리본의 종류

새틴 리본 고급스러운 광택이 있어 장식을 돋보이게 합니다. 가장 널리 사용되는 리본입니다.

레터링 리본 크리스마스처럼 특별한 시즌을 위한 리본에 많이 쓰입니다.

세무끈 조금은 투박하지만 색상이 다양하고 튼튼해서 여기저기 쓰임새가 다양합니다.

벨벳 리본 소재의 특성상 겨울에 많이 보실 수 있어요. 고급스러운 느낌을 강조해 줍니다.

와이어드 리본 리본 속에 와이어가 들어 있어 마음대로 모양을 만들 수 있어요.

체크 리본 컨트리 스타일 장식에 많이 쓰입니다. 색깔별로 준비해 두면 좋아요.

오간디 리본 쉬폰 느낌의 리본들로, 화사하고 로맨틱한 장식에 좋아요.

리본을 분류하는 법

리본의 종류와 개수가 늘다보면 정리가 잘 안되고 리본을 찾는데 시간이 많이 걸려요. 자신에게 편한 방법으로 정리하는 것이 가장 좋아요. 시즌이나 색상에 따라 분류해도 효율적이에요.

1 소재에 따라 분류해요
소재에 따라 분류해두면 필요할 때 찾아 쓰기 편리하고 리본의 양이 많을 때도 유용합니다. 세무끈 같은 경우에는 다른 리본들과는 달리 한롤당 사이즈가 큰 편이고 쓰임새도 용도도 새틴이나 오간디 리본들과는 달라 한곳에 담아 보관하는게 편리하답니다.

2 색상에 따라 분류해요
핑크나 화이트를 좋아해서 소재에 상관없이 한곳에 담아 보관합니다. 주로 쓰는 색상이 정해져 있을 때 좋은 방법이에요.

3 시즌에 따라 분류해요
크리스마스처럼 특별한 시즌에 사용되는 리본들은 일년에 한 번만 사용하고 반짝이 같은 장식이 많이 붙어 있기 때문에 다른 리본이 오염되는 경우가 있어요. 따로 정리해서 보관하는게 좋아요.

 소품 카트

꽃 장식을 만들다보면 소품들이 이리저리 섞여 원하는 것을 찾기도 어렵고 시간도 많이 걸려요. 그래서 저는 바퀴가 달린 작은 카트에 그날 쓸 소품만 담아 쓰고 있어요. 리본도 바로 꺼내서 쓸 수 있고 만든 소품을 잠시 얹어두는 용도로도 유용하답니다.

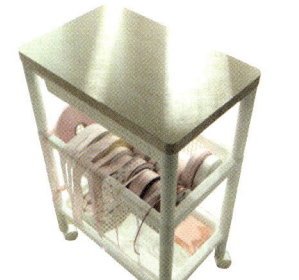

*카트는 '미스달 스튜디오 www.missdal.com' 에서 구매했어요.

꽃 사진 예쁘게 찍기

정성들여 만든 꽃 장식, 예쁘게 사진으로 찍어서 블로그나 SNS로 친구들에게 자랑하고 싶을 때가 있잖아요. 보기엔 너무 예쁜 꽃 장식들이 사진으로 찍으면 그저그런 경우가 많아 속상할 때도 있었을 거예요. 이 책에 담은 사진들은 모두 제가 집에서 직접 찍은 사진이에요. 특별히 값비싼 장비나 소품을 사용하지 않고 깔끔하고 예쁘게 사진 찍는 노하우를 나누어 드릴게요.

1 자연광을 최대한 활용합니다.
조명 없이 촬영하고 싶다면 자연광을 잘 활용하는 것이 중요합니다. 해가 제일 잘 드는 시간에 창가에서 촬영을 하는 것이 가장 좋아요. 자연광 상태에서도 시간대에 따라 사물들의 고유한 색은 달라져요. 이른 아침이나 초저녁 무렵에는 사진에 푸른빛이 약간 돌고, 오후에는 노란 기운이 도는 것처럼요. 특정한 색이 돌지 않는 오후12~2시 사이에 촬영하면 가장 자연색에 가까워집니다.
한 가지 더, 직사광선보다는 한번 걸러진 빛이 부드러워 사진이 조금 더 뽀샤시하게 나온답니다. 희고 얇은 소재의 커튼을 활용해도 좋고, 습자지나 트레싱 페이퍼 등을 통해 빛이 통과하도록 하여 촬영해도 비슷한 효과를 볼 수 있어요.

2 반사판을 꼭 챙겨주세요.
자연광을 활용하여 촬영하다 보면 빛이 고르게 들어오지 않아 힘들 때가 있어요. 이럴 때는 빛이 들어오는 쪽의 반대편에 반사판을 대주면 빛이 고르게 비쳐 사진이 훨씬 화사해져요. 반사판을 이리저리 움직여가며 적당한 위치를 찾고 뒤쪽에 지지대를 만들어 사용하면 됩니다. 반사판은 화방에서 파는 우드락을 구입한 다음 사진에서 보이는 것처럼 원하는 방향에 적당한 지지대를 이용해서 고정하면 됩니다.

3 노출을 최대한 오버(over)해 주세요.

요즘은 거의 모든 카메라에 노출을 조정하는 기능이 있어요. 꽃잎은 빛을 투과시키기 때문에 자동노출모드로 놓고 촬영하면 사진이 어둡게 나와요. 처음에는 자동 노출량으로 촬영해 보고 그 다음 1-2단계 노출을 오버(+)해서 촬영한 다음 비교해 보세요. 사진 촬영 후에 포토샵 등을 활용하는 것보다 촬영할 때 빛의 양을 조절하는 편이 한결 쉽고 결과적으로도 좋은 사진을 얻을 수 있어요.

4 깔끔한 배경과 소품 활용

테이블보나 종이를 이용해서 배경을 깔끔하게 정리한 다음 촬영하면 꽃이 더 돋보여요. 꽃은 그 자체로 아름답고 화려하기 때문에 과한 소품은 어울리지 않는 경우가 많아요.

5 다양한 앵글로 촬영해요.

꽃 장식을 만들고 사진을 찍다보면 정면에서 보는 것보다 위에서 내려다보거나 대각선에서 보는 것이 더 예쁠 때가 있어요. 장식의 모양에 따라 더 예쁘게 보이는 앵글이 있으니 다양한 위치에서 촬영하면 좀 더 좋은 사진을 얻을 수 있어요.

플로리스트의 책장

작업실 한 켠을 차지하고 있는 책장입니다. 작업을 하다가 머리가 답답하거나 아이디어가 떠오르지 않을 때는 책을 골라 책장을 넘기고 있으면 머릿속이 맑아지면서 기운이 충전되곤 해요. 여러분들도 나만을 위한 작은 책장 하나 가져보면 어떨까요?

FLOWER COURSE / Jane Packer

유명 스타들을 고객으로 둔 제인 패커는 영국의 유명한 플로리스트 중 한명입니다. 영국 꽃 장식 특유의 내추럴함을 살림과 동시에 색의 꽃과 화기, 액세서리를 이용해서 모던함을 더한 것이 작품의 특징입니다. 이 책은 런던에 있는 그녀의 학교에서 이루어지는 수업을 기본으로 하고 있어 꽃을 처음 접하거나 지금 플로리스트로 활동하는 이들 모두에게 좋은 아이디어와 영감을 주는 책입니다.

RYLAND PETERS &SMALL / 2008 , 한국어판 시공사 / 2009 / 3만2천원

ENCYLOPEDIA OF CRAFT / Martha Stewart

'살림의 여왕' 이라는 닉네임으로 유명한 마사 스튜어트의 책입니다. 제목에서 알 수 있듯이 손으로 만드는 모든 것들에 관한 자세한 설명이 들어있어요. 일단 처음부터 끝까지 훑어본 다음 필요할 때마다 하나씩 만들다보면 어느새 '손재주의 여왕' 으로 거듭날 수 있을 거에요.

POTER CRAFT (Martha Stewart Living Omnimedia,Inc) / 2009 / 35달러

PURE STYLE -HOME & GARDEN / Jane Cumberbatch

내추럴하고 깨끗한 스타일을 위한 친절한 안내서입니다. 집안 장식에 사용되는 소품들을 소재와 색상별로 자세히 설명하고 있습니다. 인테리어뿐만 아니라 퓨어 라이프스타일에 관한 팁들도 다양하게 실려 있어서 책장에 꽂아두고 오래오래 볼 수 있습니다.

RYLAND PETERS & SMALL / 2008 / 29.95달러

AT HOME WITH COUNTRY / Cabbages & Roses
(Christina Strutt)

영국의 빈티지 홈웨어 브랜드인 캐비지 앤 로즈에서 나온 라이프 스타일 제안서입니다. 복잡한 도심의 아파트부터 한적한 시골의 통나무집을 위한 쉐비식 인테리어 아이디어가 가득합니다. 이 책에 사용된 패브릭은 캐비지 앤 로즈의 상품으로 뒤쪽에 자세한 설명이 첨부되어 있습니다.

CICO BOOKS / 2010 / 29.95달러

THE FLOWER SHOP / Sally Page

런던에서 멀지 않은 교외도시인 Tisbury에 있는 Ted Martin의 플라워숍의 사계절에 관한 책입니다. 계절에 따라 변하는 플라워숍의 풍경과 그 안의 사람들에 관한 자세한 이야기를 담고 있습니다. 꽃에 관심이 있다면 읽어볼 만한 책입니다.

Half FULL Press / 2007 / 34.95달러

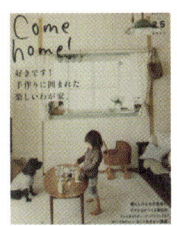

COME HOME

우리나라에도 꽤 많은 고정 독자가 있는 인기있는 일본 잡지입니다. 실제 독자의 집을 소개하고 그들의 인테리어 노하우를 자세하고 친절하게 설명해줍니다. 자카 생활을 위한 모든 것을 안내해주는 입문서로 손색이 없습니다. 격월로 발행됩니다.

800엔

ARNE29

2002년에 일본에서 창간되어 2009년 12월 15일 30호 발행을 끝으로 폐간된 잡지입니다. 라이프스타일 잡지를 표방하는 만큼 다양한 아이템에 대한 다양한 이야기가 실려 있습니다.

IO GRAPHIC,INC. / 525엔

영국 플라워 스쿨

MCQUEENS

영국 런던에 있는 플라워숍 & 스쿨입니다. 런던 중심부인 1존에 위치한 이곳은 약 20년 전인 1991년 프랑스계 금융회사에 다니던 켈리 엘리스(Kally Ellis)가 설립하였습니다. 사람들에게 예쁘고 멋지게 포장한 꽃을 선보이고 싶어 자그마한 곳에서 시작했던 플라워 숍이 지금의 맥퀸스가 되었다고 합니다.

현재는 전 세계에서 그녀의 스타일을 배우기 위해서 찾아오는 학생들과 유명인들로 가득한 고객리스트를 가진 거대한 규모의 숍으로 거듭났지만 꽃에 대한 그녀의 초심은 변함이 없는 것 같아요.

2007년 9월의 끝자락, 뉴욕에서 런던으로 향하는 비행기에 몸을 실었어요. 오랫동안 고민해서 바꾼 진로였지만 막상 마음은 너무 복잡했어요. 뉴욕의 더운 날씨에서 반팔 티셔츠 하나 달랑 걸치고 영국으로 왔는데, 더블린에서부터 뭔가 잘못되었다는 것을 깨달았지요. 두꺼운 코트를 입고 잔뜩 움츠린 사람들, 게다가 동양인은 오직 나뿐. 애써 태연한척 앉아있었지만 너무 춥고 외로웠어요.

영국에 도착한지 일주일, 맥퀸스에서의 첫 수업이 시작되었어요. 강의실의 십여 명 학생 중 한명을 제외한 모든 사람이 한국 사람이었어요. 대부분 한국에서 플로리스트 일을 하다가 왔고, 서로 친분이 있는 사이. 초보인 사람은 저와 영국인 한 명뿐이더라고요. 영국인은 알다시

70-72 Old street,
EC1V 9AN, London , UK

피 '모태 꽃사랑' 인지라 걱정이 이만저만이 아니었죠. 하지만 수업료도 이미 냈고, 이곳까지 와서 어쩌겠어요. 열심히 하는 수밖에.

다행히 영국인 선생님은 천천히 또박또박 수업을 진행하여 대부분은 알아들을 수 있었고, 하나뿐인 나의 동지(?), 영국인 친구는 자유분방한 스타일의 작품들을 선보여 나의 어색한 솜씨에 용기를 심어 주었지요.

맥퀸스에서 가장 좋았던 것은 선생님들의 훌륭한 시연과 수업 중 제공되는 꽃과 소품들이었어요. 선생님과 숍의 플로리스트들은 초보자들도 충분히 이해할 수 있도록 쉽고 명확하게 설명을 해주었고, 과정 내내 흥미를 잃지 않고 들을 수 있었어요. 강의실 뒷쪽에는 다양한 종류의 꽃들이 늘 가득 준비되어 있었는데, 수업 중 원하는 만큼 쓸 수 있도록 해주었어요. 생전 처음 보는 꽃들이 가득했고, 새로운 꽃들이 들어오는 날이면 꽃구경하는 재미에 시간가는 줄 몰랐어요. 한국에서 원데이 클래스를 들을 때는 딱 정해진 양의 꽃을 주어서 아쉬웠는데 원하는 만큼 쓸 수 있어 정말 좋았어요.

가끔 숍에 있는 꽃을 쓰도록 허락해주는 경우도 있었는데 제대로 활용하지 못하면 선생님이 살짝 면박(?)을 주셨던 기억이 나요. 주어진 것을 최대한 활용하여 작품을 만드는 것도 플로리스트가 가져야 할 요건 중 하나이기 때문에 그랬다는 걸 시간이 많이 흐른 뒤에야 알게 되었습니다.

매주 두번 'Dutch Man' 이라 불리는 꽃트럭을 몰고 오는 꽃 상인도 놓칠 수 없는 구경거리였어요. 휴식시간이나 수업이 끝난 뒤에는 숍에서 일하는 플로리스트들의 모습을 볼 수 있는 것도 숍과 스쿨을 같이 운영하는 맥퀸스의 장점이었어요.

맥퀸스의 고객 중에는 호텔이나 레스토랑, 상가들도 많은데 계절에 맞추어 그곳의 플라워 소품들을 바꾸는 일은 숍의 주요한 업무 중 하나였어요. 학생들도 수업의 연장선에서 그 일들을 돕곤 했지요. 그중 가장 인상적인 곳은 런던 외곽에 위치한 'Grove호텔'. 장식을 만들기 위한 전용 온실에 수많은 화기와 소품들이 가득한 곳이었죠. 도착하자마자 화기도 닦고 꽃장식도 만들고 하다보니 시간가는 줄 몰랐어요. 우리가 만든 장식들로 호텔 곳곳이 아름답게 바뀌는 것을 보니 어찌나 뿌듯하던지. 지금 생각해도 가슴이 두근두근해요.

영국에서 돌아온 지 벌써 4년이 되었고, 플로리스트로 일하고 있지만 그곳에서의 기억들은 어제 일처럼 생생합니다.

LUIS DA SILVA

맥퀸스 플라워 스쿨의
코스 디렉터 루이스

20년 경력의 플로리스트인 그는 8년 전부터 맥퀸스에서 플로리스트 겸 선생님으로 일하고 있어요. 특유의 액센트 있는 말투로 펼치는 열정적인 수업이 아직도 기억에 남아있어요. 쉽게 뚝딱 만들어낸 듯 보이지만 감탄사가 나올 정도로 멋진 작품들을 선보입니다.

COLUMBIA ROAD FLOWER MARKET

영국에 머무르던 6개월 남짓한 시간동안 몇 번이고 찾아갔던 컬럼비아 플라워마켓이에요. 이곳에 가면 영국 사람들이 얼마나 꽃을 사랑하는지 느낄 수 있답니다. 특별한 날이 아니어도 늘 꽃을 사기 때문에 하루하루가 특별해진다고 할까요?
일요일 오전 8시에서 오후 2시까지 열리는 반짝 시장입니다.

1

2

3

4

5

1.허브화분들 2.커다란 찻잔 3.히야신스들 4.다양한 종류의 구근 식물들 5.강한 인상의 상인

추천 소품숍 리스트

호시노앤 쿠키스
www.hosino.co.kr

경기도 용인시 기흥구
보정동 1200-4
031-266-8895

예쁜 소품들이 가득한 곳이에요. 아기자기하고 예쁜 것들이 많아서 자카(Zakka) 마니아들 사이에서는 소문난 곳이랍니다. 주로 일본이나 유럽 등에서 만든 제품들을 수입해서 팔고 있어요. 아기들을 위한 장난감부터 집 꾸미기 소품까지 취급하는 품목도 다양해요. 가까운 곳에 사는 분들은 오프라인 매장에 들러 보세요.

fog 리넨 코팅 트레이

weck 캐니스터 몰드 쉐이프

마스코트-스카프 애니멀

트레이-애니멀 펠트

studio M 스티크 컵 & 소서

쁘띠씨엘
www.petitciel.co.kr
010-6899-5545

사랑스러운 소품들이 많아요. 여러 나라에서 수입한 귀여운 소품들을 판매하고 있어요.

vintage 법랑 티 포트

Glasax 글라스 케이크 플레이트

서흥이앤팩
www.sh-eshop.co.kr
서울특별시 중구 주교동 311-3
02-2279-1955

베이킹 포장 재료들을 파는 곳인데, 꽃 장식에 쓸 수 있는 예쁜 화기나 봉투 등도 많이 취급하고 있어요. 가격도 저렴한 편이라 간단한 포장 재료들을 구입하는 데 좋아요.

유리병 무지 小
불문 PP 조각케이크 미니

룩백 각대 大
핸드메이드 KP(스티커)

PS 컵디저트 190

마리컨츄리
www.maricountry.com
02-2291-6879

이름처럼 내추럴한 소품들을 많이 판매하는 곳입니다. 다른 곳에서 볼 수 없는, 특화된 상품들이 많아요.

섭이식 샌드위치 케이스

화이트 법랑피쳐

화이트 법랑 다용도 볼

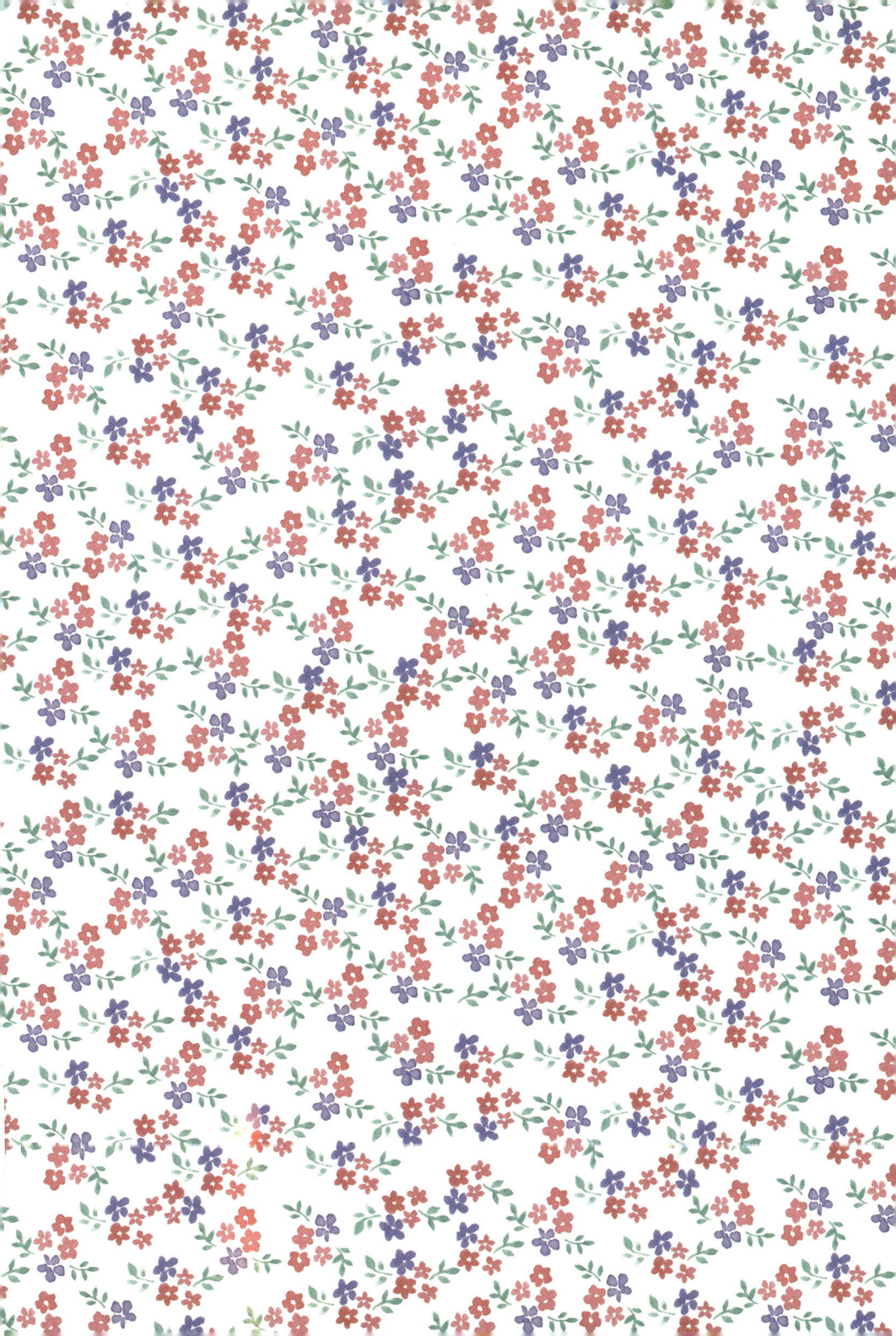

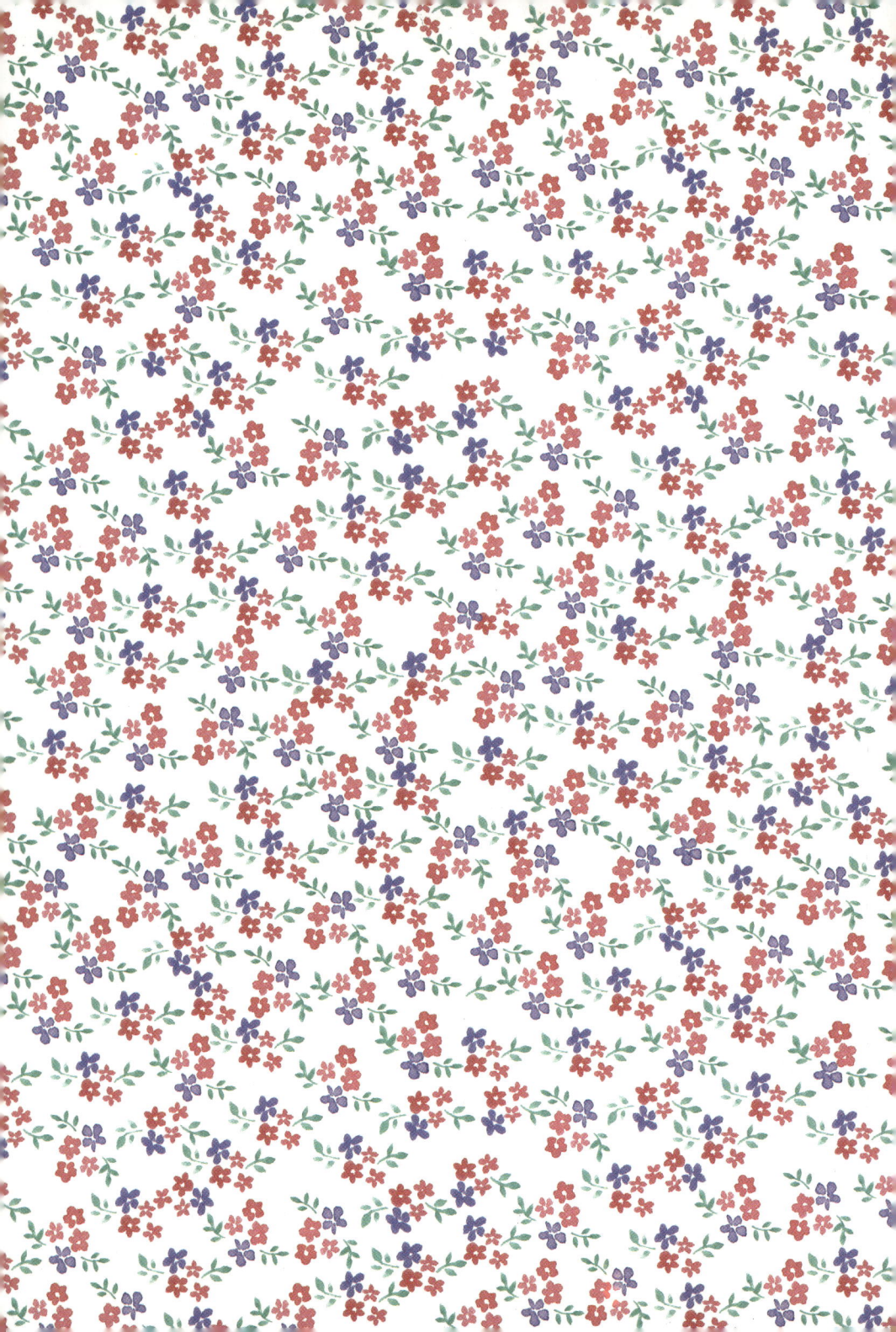